Inhalt

Impressum

Forum Bioenergetische Analyse
ISSN 0946-8846
Ausgabe 2016
ISBN 978-3-8379-8164-3

Die Herausgabe des *Forums Bioenergetische Analyse* erfolgt im Auftrag des Norddeutschen Instituts für Bioenergetische Analyse (www.niba-ev.de) und der Süddeutschen Gesellschaft für Bioenergetische Analyse (www.sgfba.com).

ViSdP: Die Herausgeberin; bei namentlich gekennzeichneten Beiträgen die Autorinnen und Autoren. Namentlich gekennzeichnete Beiträge stellen nicht in jedem Fall eine Meinungsäußerung der Herausgeberin, der Redaktion oder des Verlages dar.

Erscheinen: 1 Mal im Jahr

Herausgeberin:
Dr. Irmhild Liebau
Am Steinbruch 22, D-35469 Allendorf
Tel.: 0 64 07 - 9 06 81 71
E-Mail: irmhild.liebau@gmail.com

Redaktion:
Marion Baum
Am Lerchenschlag 4, D-99099 Erfurt
Tel.: 03 61 - 4 21 04 72
E-Mail: koerper-und-psyche.erfurt@gmx.de

Konrad Oelmann
In der Mark 14–16, D-53639 Königswinter-Ittenbach
Tel.: 0 22 23 - 2 41 51
E-Mail: Konrad.Oelmann@t-online.de

Karl-Erich Pönitz
Paracelsusstr. 6, D-42549 Velbert
Tel.: 0 20 51 - 20 79 62
E-Mail: karl-erich.poenitz@gmx.de

Ulrich Sollmann
Höfestr. 87, D-44801 Bochum
Tel.: 02 34 - 38 38 28
E-Mail: info@sollmann-online.de

Herausgeberin und Redaktion laden zur Einsendung von Manuskripten ein. Bitte wenden Sie sich per E-Mail an Dr. Irmhild Liebau:
irmhild.liebau@gmail.com

Umschlagabbildung: Charles Rennie Mackintosh: *Hourglass Pattern*
Umschlaggestaltung & Innenlayout nach Entwürfen von Hanspeter Ludwig, Wetzlar
Satz: metiTEC-Software, me-ti GmbH, Berlin

Verlag: Psychosozial-Verlag
Walltorstr. 10, 35390 Gießen
Tel.: 06 41 - 96 99 78 - 26 · Fax: 06 41 - 96 99 78 - 19
E-Mail: bestellung@psychosozial-verlag.de
www.psychosozial-verlag.de

Bezug:
Mitglieder des NIBA, der GBA und der SGfBA erhalten die aktuelle Ausgabe des Forums durch ihre jeweiligen Institute kostenlos zugestellt.
Abonnement (1 Ausgabe im Jahr): 12,90 Euro (zzgl. Versand)
Einzelheft: 16,90 Euro (zzgl. Versand)
Bestellungen von Abonnements bitte an den Verlag, Einzelbestellungen beim Verlag oder über den Buchhandel.
Das Abonnement verlängert sich um jeweils ein Jahr, sofern nicht eine Abbestellung bis zum 15. November erfolgt.

Editorial

Hier nun halten Sie die dritte im Psychosozial-Verlag erschienene Ausgabe des *Forums* in Ihren Händen, die zugleich eine ganz besondere Ausgabe ist: Das *Forum* ist mittlerweile 25 Jahre alt! Und das verdient einen herzlichen Glückwunsch!

Wieder erwarten Sie in diesem Heft sehr interessante Artikel aus der Bioenergetischen Analyse in Theorie und Praxis.

Die beiden ersten Beiträge resultieren aus zwei Vorträgen beim NIBA-Studientag 2015 in Papenburg:

Wera Fauser hebt in ihrem Artikel »Die Bedeutsamkeit der Integration prä- und perinataler Aspekte in die Bioenergetische Analyse« hervor und geht darin zu den Wurzeln prä- und perinataler Erfahrungen zurück, um in ihnen die Grundmelodie des Lebens zu entdecken. Nach einem historischen Rückblick und einem tabellarischen Einblick in die wichtigsten Stadien der embryonalen Entwicklung zeigt sie an Beispielen, die zu prä- und perinatalen Traumen führen können, wie sich diese auf das gesamte weitere Leben prägend auswirken, konkretisiert durch sehr berührende Fälle. Dabei hält die Verfasserin es für notwendig, in der BA zu den frühesten und auf tiefste Weise formenden Prägungen, Verletzungen und Überzeugungen zurückzukehren, damit sie verarbeitet und weitgehend gelöscht werden können. Dies wird möglich durch eine Vielfalt an körperorientierten Interventionen, die sie zur Stabilisierung und Trauma-Rekonstruktion in der Sicherheit der therapeutischen Beziehung einsetzt.

Der Artikel von *Ralf Quartier* »Die Erweiterung meiner Arbeit als analytischer Kinder- und Jugendlichenpsychotherapeut durch die Integration der bioenergetischen Analyse« zeigt anhand von vier sehr eindrücklichen Fallbeispielen ganz konkret und anschaulich, wie der Autor die bioenergetisch-körperpsychotherapeutische in seine analytische Arbeit mit Kindern und Jugendlichen integriert und wie besonders die Arbeit mit katathymen Bilderleben, zum Beispiel durch die Einbeziehung des Körpers, bereichert wird. Da die BA in der Arbeit mit Kindern und Jugendlichen noch keine Theoriebildung oder beschriebene Praxiserfahrung hat, ist der Beitrag Quartiers ein

Novum und lässt hoffentlich noch weitere Aufsätze oder gar ein Theoriekonzept zur bioenergetisch-analytischen Arbeit mit jungen Menschen folgen.

Der Beitrag von *Karl-Erich Pönitz* »Fester Stand – eine biografische Bestandsaufnahme zwischen Bioenergetik und abendländischer Tradition« widmet sich einem klassischen Thema der Bioenergetischen Arbeit auf eine akzentuiert neue Weise, dem Stand, dem Grounding in seiner Einbindung in die Geschichte des Abendlandes. Der Autor zeigt hier sehr kenntnisreich die historischen Wirkmächte der griechisch-römischen Antike, der Stoa und der jüdisch-christlichen Religion für das individuelle Stehen auf und differenziert dabei klar zwischen Standfestigkeit und Standhaftigkeit. Er arbeitet zudem heraus, wie wichtig, bioenergetisch und christlich gesehen, das Vertrauen in den Boden für einen sicheren, festen und zugleich flexiblen Stand ist, der nicht in Anstrengung erstarrt.

In dem Artikel »Heilsames Zittern« beschreiben *Kathrin Gradt* und *Erwin Schweitzer* in einem interkulturellen Vergleich auf sehr interessante Weise die Gemeinsamkeiten und Unterschiede von TRE, »Tension, Stress and Trauma Releasing Exercises«, und San-Heiltänzen. Sie verfolgen damit das Ziel, einer interkulturellen Erforschung von heilsamen Zitterpraktiken und einer Erweiterung der Perspektive auf TRE durch die Auseinandersetzung mit dem Tremor in den San-Heiltänzen. Dabei wenden sie sich zunächst den kulturellen und historischen Kontexten sowie den Anwendungsbereichen der beiden Zitterpraktiken zu, um ein Verständnis für die spezifischen kulturellen Erklärungsmodelle von Krankheit und Heilung zu entwickeln, welche TRE und den San-Heiltänzen zugrunde liegen und vergleichen dann abschließend auf der Basis dieser Erklärungsmodelle die konkrete Praxis des Zitterns.

Die beiden nächsten Beiträge gehen auf unterschiedliche Weise einer Verortung der Bioenergetischen Analyse innerhalb der verschiedenen Psychotherapieverfahren nach, was generell wichtig und vor dem Hintergrund eines gerade laufenden Anerkennungsverfahren der Humanistischen Psychotherapie beim Wissenschaftlichen Beirat besonders aktuell ist.

Rainer Mahr stellt in seinem Beitrag die wesentliche Frage: »Bioenergetische Analyse – ein psychoanalytisches, tiefenpsychologisches, psychodynamisches oder humanistisches Psychotherapieverfahren?« Nach einem Blick auf die geschichtlichen Aspekte und einer Klärung von Begriffen, was Tiefenpsychologische Psychotherapie, Psychoanalytische Therapie und Humanistische Psychologie ist, hebt er hervor, welche Folgerungen sich daraus für die Bioenergetische Analyse ergeben. Dabei geht es ihm darum, die Bioenergetische Analyse heute öffentlich zu präsentieren und deutlich zu zeigen, wie sie sich – bei allen Gemeinsamkeiten – von anderen Therapieformen unterscheidet und was ihre spezifischen Vorstellungen sind, um so das Verständnis für psychotherapeutische Prozesse zu erweitern.

Susanne Winkler definiert in ihrem Beitrag »Die Bioenergetische Analyse als ein Verfahren der Humanistischen Psychologie« und führt dies mit vielfältigen Belegen aus. Ihr hier geringfügig veränderter und korrigierter Text lag als Grundlagentext der DGK (Deutsche Gesellschaft für Körperpsychotherapie) für die Anhörung beim Wissenschaftlichen Beirat der Psychotherapeutenkammer im September 2015 vor. Darin macht sie deutlich, dass sich die Bioenergetische Analyse mit ihren analytischen Wurzeln zu einem Verfahren entwickelt hat, das in der konkreten Praxis im Wesentlichen den Prinzipien der Humanistischen Psychotherapie folgt und sich damit dem Feld der Humanistischen Psychotherapie zuordnen lässt.

Der Artikel von *Will Davis* »Die Verflechtungen der Humanistischen Psychologie und Reichianischen Energiekonzepte in der postmodernen Physik«, in der Übersetzung von Matthias Wenke, verdeutlicht, wie die Humanistische Psychologie auf Reichs energetischen Begriffen basiert und wie wichtige Entdeckungen der jüngeren postmodernen Physik sowohl für Reichs energetisches Werk als auch für die grundlegenden Prämissen der Humanistischen Psychologie gelten und diese wiederum bestätigen. Damit trägt Davis dazu bei, Reich von der unverdienten Bürde des »verrückten Wissenschaftlers« zu befreien. Ohne dass hier explizit auf die Bioenergetische Analyse eingegangen wird,, die ja auf Reichs Arbeit aufbaut, sind die Verbindungen von Physik, Humanistischer Psychologie und Energiekonzepten, die hier gezogen werden, auch für die BA wichtig.

Doch bevor Sie nun beginnen, die verschiedenen Artikel zu lesen, lassen Sie sich erst einmal von *Ulrich Sollmann* in die Geschichte von 25 Jahren *Forum* – Fachzeitschrift für Bioenergetische Analyse – mitnehmen. In seinem kurzen Beitrag zeichnet er die Entstehungsgeschichte und die Entwicklung des *Forums* seit 1991 nach und würdigt sie auf diese Weise.

Mir ist es eine Ehre und ein wichtiges Anliegen, das *Forum* nun für drei Jahre im Psychosozial-Verlag herausgegeben und so zur Veröffentlichung der Bioenergetischen Analyse in der Fachwelt und bei interessierten LeserInnen beigetragen zu haben. Mit dieser Ausgabe werde ich meine Herausgeber-Tätigkeit aus beruflichen und persönlichen Gründen beenden und bedanke mich herzlich bei allen, die daran mitgearbeitet haben. Dem *Forum* wünsche ich für die Zukunft alles Gute und weiterhin viele LeserInnen!

Ihre Irmhild Liebau

25 Jahre *Forum Bioenergetische Analyse*

Ulrich Sollmann

Das *Forum Bioenergetische Analyse* erscheint nun im 25. Jahr und war neben der damals deutschsprachigen Zeitschrift *Energie und Charakter* eine der beiden Pionier-Zeitschriften im Bereich Körperpsychotherapie in Deutschland. Einen ganz herzlichen Glückwunsch an dieser Stelle!

Das *Forum* wurde 1991 vom Norddeutschen Institut für Bioenergetische Analyse e.V. (NIBA e.V.) gegründet. Schon ein Jahr später stieß der Deutsche Verband für Bioenergetische Analyse e.V. (DVBA e.V.) als zweiter Herausgeber dazu. Wiederum ein Jahr später zeigte die Namensänderung der Zeitschrift in *Forum der Bioenergetischen Analyse* an, dass sich alle bioenergetisch-analytischen Ausbildungsinstitute, sowie der Dachverband durch die Herausgabe der Fachzeitschrift gemeinsam für die Kommunikation der Bioenergetischen Analyse in Deutschland engagierten. Dieses gemeinsame Engagement und die publizistische Präsentation der BA in Deutschland prägen auch heute noch die Herausgeberschaft des *Forums*.

Als ich gebeten wurde, die Entstehungsgeschichte und die Entwicklung des *Forums* nachzuzeichnen, wollte ich zunächst mit dem offiziellen Geburtsjahr 1991 beginnen. Die Recherche zeigte mir jedoch, dass es im NIBA bereits Jahre zuvor ein engagiertes und professionelles Bemühen gab, Theorie, Praxis und Konzepte der Bioenergetischen Analyse (BA) in einen öffentlichen Diskurs zu bringen, zu verschriftlichen und zu publizieren. Ich denke da zum Beispiel an die beiden Publikationen zum Thema »Theorie und Praxis der Bioenergetischen Analyse«, herausgegeben von Ulla Sebastian. Schon damals wurde die Abgrenzung zur psychoanalytischen Theorie erörtert sowie ausführlich über das Thema »Frühe Störungen« diskutiert.

Die 80er Jahre können als Phase der Professionalisierung im Zuge der Entwicklung humanistisch-psychologischer Verfahren angesehen werden. Diese Jahre führten auch zur Gründung vieler bioenergetisch-analytischer Ausbildungsgruppen. Ebenso war dies die Zeit lebhafter persönlicher Erfahrung und der Entwicklung von Anwendungskonzepten der BA. Beides fand dann in den regelmäßig erscheinenden Ausgaben des *Forums* seinen spezifischen Niederschlag. Im Wesentlichen ging es in den Beiträgen um:

- den kollegialen Erfahrungsaustausch
- die Vertiefung bioenergetisch-analytischen Wissens
- die Diskussion strittiger theoretischer und praktischer Aspekte der Arbeit
- das Bemühen um einen Transfer zu den Nachbardisziplinen

Verständlicherweise gab es ein großes Interesse an Fallberichten und konzeptionellen Überlegungen aus der therapeutischen Praxis der BA. Die oftmals sinnvollerweise prägnanten Schilderungen von Erfahrungen und die Diskussionen über konzeptionelle Lösungen aus der bioenergetischen Arbeit befruchteten die reichhaltige Palette der Publikationen.

So bezog man sich einerseits auf klassische bioenergetische Themen, wie Grounding, Arbeit mit dem Atemschemel, Körperkontakt, Charakter und Sexualität, Arbeit mit dem Widerstand usw. Andererseits wurden schon nach kurzer Zeit interdisziplinäre Brücken hergestellt und eingehend erörtert (z. B. zur Psychoanalyse, Neurophysiologie, Säuglingsforschung, Selbstpsychologie).

Der Schritt von der praktischen Arbeit über die Entwicklung bioenergetisch-analytischer Konzepte bis hin zur Verschriftlichung und Publikation war in dreierlei Hinsicht eine bedeutsame Phase der Körperpsychotherapie für die BA in Deutschland:

- Schon sehr früh begannen bioenergetisch-analytische Psychotherapeuten nicht nur praktisch mit dem Körper zu arbeiten, sondern auch qualifiziert über ihre Arbeit zu schreiben.
- Selbst zu publizieren, diente vielen auch zur professionellen Selbst-Präsentation und als Abgrenzung von den zahlreichen (von einem Millionenpublikum gelesenen) Publikationen von Alexander Lowen.
- So machten sich die AutorInnen auch als Vertreter der bioenergetischen Analyse im eigenen professionellen Feld sichtbar.

Viele der AutorInnen schreiben inzwischen in den unterschiedlichsten Fachzeitschriften zu BA-Themen oder bereichern die Diskussion durch eigene Buchpublikationen. Insoweit verstehe ich das *Forum* auch als Geburtsstätte oder einen Boden, auf dem eine vielfältige, vielschichtige und vielversprechende Arbeit heranwuchs.

Inzwischen erscheint das *Forum* im Psychosozial-Verlag und hat gerade hierdurch einen weiteren Entwicklungsschritt durchlaufen, indem es – man könnte fast sagen – eine publizistische Anerkennung im Kreis weiterer Fachzeitschriften gefunden hat. An dieser Stelle einen ganz herzlichen Dank an den Psychosozial-Verlag!

Last but not least ist den Herausgebern ein ganz besonderer Dank zu zollen. Durch ihren Einsatz haben Günter Schubert, Konrad Oelmann, Vita Heinrich-Clauer und Irmhild Liebau das beständige Erscheinen der Zeitschrift möglich gemacht.

Auf keinen Fall möchte ich vergessen, meinen besonderen Dank den KollegInnen gegenüber zum Ausdruck zu bringen, die das Wagnis eingegangen sind, sich durch ihre Artikel im kollegialen Raum sichtbar zu machen. Sichtbar als Person, als PsychotherapeutIn, aber auch als Vertreter der Bioenergetischen Analyse, haben sie doch gewissermaßen stellvertretend für die große Zahl von Bioenergetischen AnalytikerInnen in Deutschland den Sinn, die Wirksamkeit und die Überprüfbarkeit der BA in verschriftlichter Form in den Diskurs eingebracht.

Der Autor

Ulrich Sollmann, Bioenergetischer Analytiker/Körperpsychotherapeut in Bochum, Coach und Berater in Wirtschaft und Politik, Weiterbildung für Psychotherapeuten, Berater und Manager (auch transkulturell, z. B. China), Vortrags- und Lehrtätigkeit, Buchautor und Publizist (aktuell: *Einführung in die Körpersprache und nonverbale Kommunikation*), Blogger und Kolumnist.

Kontakt

Ulrich Sollmann
Höfestr. 87
D-44801 Bochum
E-Mail: info@sollmann-online.de
Internet: www.sollmann-online.de, www.body-languages.net

Die Bedeutsamkeit der Integration prä- und perinataler Aspekte in die Bioenergetische Analyse[1]

Wera Fauser

Einleitung

> »Ich befinde mich im Inneren einer Höhle und halte eine Taschenlampe in der Hand. Ich fühle mich sehr wohl und denke, was für eine seltsame Erfahrung das doch ist. Dann gehe ich einen Gang entlang, als plötzlich meine Taschenlampe zu flackern beginnt, und ich verspüre panische Angst, sie könnte erlöschen und mich im Dunkeln lassen. Wird die Energie reichen bis ich es geschafft habe, hier herauszukommen? Ich bezweifle es. Ich bin sicher, dass Niemand mich jemals hier drinnen finden wird. Ich erwache schaudernd voller Todesangst.« (Geburtstraum eines Klienten, mit einem Blue-Baby-Syndrom, geboren mit dreifach um den Hals gewickelter Nabelschnur. Ein Priester hatte ihm bereits die Nottaufe gegeben, da sein Überleben als äußerst unwahrscheinlich erachtet wurde.)

Während ein Embryo noch bis in die späten 80er Jahre lediglich als Ansammlung von Zellen ohne jegliche Empfindungsfähigkeit betrachtet und Neugeborene und auch Säuglinge bis zum Alter von vier bis sechs Monaten ohne Narkose operiert wurden, beginnt sich die Erkenntnis, dass sowohl Ungeborene als auch Neugeborene bereits mit einem eigenständigen elementaren Gefühlsleben, mit einer Aufnahmefähigkeit und einem rudimentären Gedächtnis ausgestattet sind, in der Medizin und der Therapie allmählich durchzusetzen.

Die Tatsache, dass der Embryo in der Lage ist, sein Leben im Mutterleib sowie seine Geburt speziell über Körperempfinden und Körperwahrnehmung zu erfahren (Dowling, 1991; Emerson, 2000; Janus, 2000, 2013) spielt besonders in der körperorientierten Psychotherapie eine immer größere Rolle.

---

1 Dieser Artikel erschien bereits 2015 in englischer Version im *Clinic Journal for Bioenergetic Analysis* 2015 (25) in leicht veränderter Fassung.

Unsere pränatalen und perinatalen Erfahrungen und Eindrücke prägen unsere grundlegenden Einstellungen, unsere tiefsten Überzeugungen und weitreichendsten Schlussfolgerungen hinsichtlich des Lebens auf dieser Erde und der Erwartungen an unsere Versorger. Nie wieder im Leben werden wir so verletzlich und von einer einzigen Person abhängig sein wie in dieser ersten Zeit. Ohne unsere Mutter können wir die ersten sechs vorgeburtlichen Monate nicht überleben, während nach der Geburt andere die Mutterrolle übernehmen und uns zumindest helfen können, am Leben zu bleiben. Unsere erste Wohnstätte war der einzige Ort, an dem wir uns erden und in einer hoffentlich sicheren und freundlichen Umgebung wachsen konnten, und sowohl die Art und Weise, wie wir uns dort einnisten konnten als auch die Art, wie wir diese Wohnstätte verlassen haben, hat unser bisheriges Dasein bestimmt und sich in unserem Gehirn und Körper eingeprägt. War dieses intrauterine Bonding und Grounding oder die extrauterine Bindung während der ersten paar Wochen und Monate ernstlich gestört und hat die Geburt unter traumatischen Umständen stattgefunden, sind schwerste Folgen für die gesamte psycho-physische Entwicklung des Kindes zu erwarten (Bauer, 2011; Nathanielsz, 1999; Schore, 1994; Verny, 1995).

Wird das Baby stark, widerstandsfähig und selbstsicher oder eher schwach und stressanfällig sein? Wird es in der Lage sein sich zu regulieren oder wird es nervös, hyperaktiv oder ständig verängstigt sein? Wird es sich konzentrieren und friedlich schlafen können? Wie viel Urvertrauen wird es haben? Wie viel tief begründetes Misstrauen? Was für einen Charakter wird es entwickeln? Für welche Krankheiten könnte es später anfällig sein?

Diese früheste Lebensperiode kann ebenfalls für die Entwicklung geistiger Störungen und psychosomatischer Erkrankungen verantwortlich sein (Janus [Hrsg.], 2013; Nathanielsz, 1999; Schore, 1994). Die entscheidendste und kritischste Zeit ist zweifelsohne die Periode des sogenannten »foetal programming« während der ersten zwölf Wochen, in denen sich die Organe entwickeln und die frühesten Rückzugsreflexe entstehen (Blomberg, 2012; Dowling, 1991; Emerson, 2000; Nathanielsz, 1999). In dem Maße, wie sich das Ungeborene ungestört und entspannt entfalten konnte und sich kraftvoll ohne Geburtskomplikationen seinen Weg auf die Welt hat bahnen können – natürlich vorausgesetzt, dass es danach hinreichend sicher gebunden, gut versorgt und verhältnismäßig optimal aufgewachsen ist –, kann es auch in seinem weiteren Leben gelöst, unverkrampft und voller Freude sein.

Tiefschürfende Antworten lassen sich nicht finden, indem man das Augenmerk nur auf die Gene und auf die Erfahrungen in den Tagen und Wochen nach der Geburt richtet, sondern indem man ganz wörtlich »in das dunkle Wunderland des Lebens im Mutterleib« (Verny, 2013) und zu den Wurzeln prä- und perinataler Erfahrungen zurückgeht, um die Grundmelodie unseres Lebens zu entdecken. Daher wird sich der vorliegende Artikel auf diese Aspekte konzentrieren und die selbstverständlich ebenso wichtigen und charakterbildenden ersten Monate und Jahre nach der Geburt beiseitelassen. Im Hinblick auf die erforderliche Kürze des Artikels können nur einige der erwähnten Aspekte im Detail beschrieben werden.

1. Historischer Rückblick

Der Psychoanalytiker Otto Rank erkannte als Erster schon 1924, dass die Beziehung zwischen Mutter und Kind lange vor der Geburt des Kindes beginnt und dass es sich bei prä- und perinatalen Erinnerungen um echte Erinnerungen handelt. Eine seiner wichtigsten Feststellungen zu diesem Thema besagt, dass pränatale Gefühle und Erfahrungen wie auch diejenigen während der Geburt die Dynamik zwischen Therapeut und Klient wesentlich beeinflussen können (Verny, 2013; in Janus, 2013). Sowohl Otto Rank als auch Gustav Gruber forschten auf diesem Gebiet und lieferten systematische Beschreibungen. Otto Rank maß der vorgeburtlichen Thematik und den Geburtserfahrungen größere Bedeutung bei als dem Ödipuskomplex, was 1926 zum Bruch zwischen ihm und Freud führte, da dieser nicht bereit war, sein psychoanalytisches Konzept zu revidieren oder zu erweitern. Otto Rank verstand die Zeit im Mutterleib als tatsächlichen Beginn der Mutter-Kind-Beziehung und wird als Vorläufer der Ich-Psychologie betrachtet.

In den 30er Jahren erkannte der ungarische Psychoanalytiker Sándor Ferenczi die Bedeutung der präverbalen Zeit im Mutterleib und im ersten Jahr nach der Geburt. Er befasste sich mit dem Thema des abgelehnten Babys (Ferenczi, 1929). Obgleich er noch keine Kenntnis von möglichen Geburtstraumen hatte, würdigte er doch den Geburtsvorgang als allgewaltiges Geschehen.

Allen oben erwähnten Analytikern, wie auch in den 50er Jahren Nándor Fodor, der sich ebenfalls für dieses Thema und nun auch für dessen traumatische Aspekte interessierte, war jedoch eine positive Resonanz versagt; sie blieben Außenseiter.

Alfred Adler war der erste Psychoanalytiker, der die intrauterine Phase nicht idealisierte. Sein Fokus lag eher auf den Gefühlen von Unterlegenheit und Ohnmacht während dieser Periode. Auch in C.G. Jungs Archetypen finden sich Hinweise auf pränatale Themen. Wie schon Freud befasste sich auch Wilhelm Reich mehr mit postnatalen Triebkonzepten. Alexander Lowen folgte Reich in dieser Tradition.

Während der letzten drei Jahrzehnte wurde die Forschung zum prä- und perinatalen Themenkomplex, ehemals von klassischen Psychoanalytikern initiiert, von eher körperorientierten Therapeuten und Medizinern übernommen.

Unter Berufung auf Pioniere wie Arthur Janov (Janov, 1984) und Stanislav Grof (Grof, 1983) beschritten Terence Dowling und Alfred Tomatis neue Wege, ihren Klienten oder Patienten zu helfen, noch einmal in die prä- und perinatale Phase ihres Lebens einzutauchen. In den 80er Jahren reinszenierte Tomatis als Erster traumatische Erfahrungen im Mutterleib und bei der Geburt, wobei er zur Heilung die reale oder auf Band aufgenommene Stimme der Mutter nutzte. Nicht unerwähnt sollte einer der bedeutendsten Wissenschaftler und Therapeuten bleiben, William Emerson, der inzwischen seit über 30 Jahren mit Kindern und Erwachsenen an diesem Thema arbeitet (Schindler, 2011, S. 8).

Nach und nach finden prä- und perinatale Themen und frühe Traumen auch in der Bioenergetischen Analyse Beachtung. Für die aufregende Reise zurück zu den eigenen Wurzeln scheint sie mit ihrer ausgeprägten Körperorientierung, ihrem umfassenden Know-how zum Thema Trauma allgemein – eingebunden in eine sichere, allmählich vertrauensvolle und warme therapeutische Beziehung – besonders geeignet zu sein.

Glücklicherweise bestätigt heute die neurobiologische Forschung die Notwendigkeit einer körperlichen Herangehensweise bei präverbaler Thematik. Neuronale Netzwerke werden vorgeburtlich durch genetische Disposition determiniert, aber wie die neurobiologischen Forschungsergebnisse beweisen, ist ihre Entwicklung von den Erfahrungen in diesem ersten Lebensraum abhängig (Bauer, 2011).

»Pränatale Traumen sind in den Hirnstamm eingebrannt«, wie es Bruce Perry formulierte (Perry, 2005, S. 18) und dieses pränatale Trauma »schränkt die Grenzen der späteren Hirnentwicklung ein« (Schindler, 2011, S. 55). Die frühen Muster bilden starke Verknüpfungen besonders infolge negativer oder traumatischer Erfahrungen, die wiederum zu festen Überzeugungen werden, denn der Fötus oder das Neugeborene beziehen all ihre Schlussfolgerungen aus ihrer eingeschränkten, kleinen Primärwelt (Hüther, 2008).

Unglücklicherweise bleibt im Allgemeinen völlig unbewusst, dass eine solch verdüsterte Weltsicht den ersten Anfängen unseres Lebens entstammt und daher natürlich allzu vereinfacht ist. Überdies lässt sie sich durch rein verbale Therapie und bloße intellektuelle Einsicht kaum verändern, da der Hirnstamm eine geringere Plastizität aufweist als die höheren Gehirnstrukturen. Die moderne Hirnforschung hat zudem bewiesen, dass wir dazu neigen, bereits Bekanntes wahrzunehmen und zu wiederholen, während das Neue und Unvertraute eher ausgeblendet wird. Sind unsere ersten Bewältigungsstrategien erst einmal erlernt, halten wir an ihnen fest und hindern uns selbst daran, umzulernen und neue Lösungen zu erproben.

2. Wichtige Stadien embryonaler Entwicklung

Entwicklungsstadien			
Zeit	Einteilung	Größe (ca.)	Charakterisierung
1. Tag	Frühentwicklung	0,1 mm	Befruchtung (Konzeption)
Tag 4–5			Freie Blastocyste
Tag 5–6			Anhaftung der Blastocyste an der Uterusschleimheit, Einnistung. Grundbauplan von Körper und Gehirn zunächst weiblich.
3. Woche		0,2–2 mm	Dreiblättrige Keimscheibe, Primitivrinne, erste Somiten (Urwirbel), gegen Ende beginnt das Herz zu schlagen. Ein kleines Gehirn funktioniert bereits nach 20 Tagen. Das Stammhirn entwickelt sich zuerst und wächst schnell. Nervenzellen beginnen sich über den ganzen Körper auszubreiten. Haut und Gehirn bilden sich aus derselben Zellschicht (Ektoderm). Ein Teil der Nervenzellen wird vom entstehenden Kopf eingeschlossen (Gehirn); ein anderer Teil wandert in den Bauch und bildet das Darmhirn bzw. das enterische Nervensystem, das nahezu unabhängig vom ZNS arbeitet. Der dorsale Vagusnerv entwickelt sich (Porges, 2011).
4. Woche	Embryonalperiode	2–5 mm	Abfaltung vom Dottersack, Somiten (Ur-Wirbel), später Arm- und Beinknospen erkennbar, die Nabelschnur entsteht: Der Embryo schwimmt in der Amnionhöhle.
5.–8. Woche		–40 mm	Organogenese Ab der 6. Lebenswoche entwickelt sich vor dem Hören und Sehen, der Tastsinn, das Fühlen, die Wahrnehmung von Körperlage und Bewegung. Ab der 6.–7. Woche hört der Embryo den Blutkreislauf, den Herzschlag und die Darmgeräusche der Mutter und eventueller Geschwister. Ab der 8. Woche: Erste aktive Bewegungen, da sich jetzt die Muskeln bilden. Muskeltraining fördert die Bildung und Vernetzung der Nervenzellen. Ab der 7. SSW werden über die Muskeln bereits Dopamin und Endorphine ausgeschüttet. Gefühle können nun auch durch Anspannung der Muskeln auf Kosten der Empfindungsfähigkeit unterdrückt werden. Ab der 7. SSW wird in den Keimdrüsen der späteren Jungen Testosteron ausgeschüttet. Finger und Hände sind vor den Füßen ausgebildet. Augenlider schließen sich. Der Babkin-Reflex (Blomberg, S. 115) wird allmählich aktiv. Falls der Embryo die Handflächen berührt, kann es sein, dass der Kopf sich vorstreckt, der Mund sich öffnet und saugende Bewegungen ausführt, um für das spätere Gestilltwerden zu trainieren. Dieser Reflex dauert nach der Geburt noch 3–4 Monate an (Handmassage zur Stimulation des Saugreflexes). Der Angst-Lähmungsreflex als eine Stressreaktion findet sich hier als ein sehr früher Rückzugsreflex. Bei chronischem Stress werden vermehrt Adrenalin und Cortisol (SNS) ausgeschüttet (Blomberg, S. 109). Falls sich der Embryo deutlich bedroht fühlt, kann er für Wochen und Monate in einem Erstarrungs- und Freezing-Zustand (DVC, Porges, 2011) verharren.

Entwicklungsstadien			
Zeit	Eintei-lung	Größe (ca.)	Charakterisierung
3. Monat		–9 cm	Arme und Beine wachsen. Geschmacksknospen schon in der 10. SSW sichtbar. Der Plantar-Reflex entwickelt sich als ein früher Greifreflex, der die Bewegungen der Zehen trainiert, um sich später an Jemanden anklammern zu können. Ab der 12. SSW: Geschlecht erkennbar, die Organe sind angelegt, erste reflektorische Bewegungen nach Berührung (Abort-Versuche, Amniozentese, 16.–17. Wo.). Der Moro-Schreck-Reflex beginnt sich zu entwickeln und sollte in der 30. SSW voll ausgebildet sein. Trigger sind laute, unangenehme Geräusche, Streiten, Kämpfen, Boxen oder andere zu feste Berührungen von außen (Blomberg, S. 113f.). Wichtig: Der Dottersack verschwindet, da ab jetzt die Leber und die Milz eigenständig zu funktionieren beginnen und das Blut selbst entgiften können; es muss nicht alles an die Mutter zurückgeschickt werden. Daumenlutschen ab der 14 SSW. Der Greifreflex entsteht.
4. Monat	Fetalperiode	–16 cm	Ab der 13. Woche kann der Fötus unterscheiden, ob das Fruchtwasser süß, salzig oder sauer schmeckt. In süßem Milieu fühlt es sich am wohlsten und schluckt auch mehr. Eine länger anhaltende sympathische Übererregtheit der Mutter führt zu einer sauren Stoffwechsellage und damit zu saurem Fruchtwasser. Knochen sind erkennbar, Gelenke entstehen, Schluck- und Saugreflex. Ein eigenes, geschlossenes Kreislauf-System ermöglicht nun etwas Selbstregulation. Im weiblichen Fötus sind alle 5 Millionen Eier angelegt. Ab der 16. SSW können Geräusche von Außen wahrgenommen werden
5. Monat		–25 cm	Behaarung: Fellartige Lanugo-Haare bedecken Gesicht und Körper, Kindsbewegungen, beginnende Myelinisierung. Bis Ende des 6. Monats sind alle Hirnzellen (ca. 100 Milliarden) gebildet, aber vor allem der Empfindungsteil ist voll aktiv (Stammhirn und Teile des limbischen Systems). Die Amygdala funktioniert nun vollständig (LeDoux, 2002). Ab der 24. SSW gibt es eine erhöhte Zunahme von myelinisierten Vagus-Nervenbahnen (Ventral Vagal Complex, VVC, Porges, S. 122). Nach der Geburt werden die Nervenzellen weiter verschaltet. Die Synaptogenese von Cortex und präfrontalem Cortex geschieht weitgehend erst nach der Geburt. Postnatal dauert es ca. 6–8 Monate bis der präfrontale Cortex voll ausgebildet ist (Hermann, 2010, S. 90). In der 18. SSW entsteht der asymmetrische, tonische Nackenreflex (ATNR). Dreht der Fötus den Kopf zu einer Seite, werden Arm und Bein der gleichen Seite ausgestreckt, während sie auf der anderen Seite angezogen werden. Dies trainiert Geburtsbewegungen (Blomberg, S. 114). Das Ohr ist ab der 20. SSW voll ausgebildet.
7./8. Monat		–35 cm	Durch Schluckauf in den letzten 3 intrauterinen Monaten wird das Diaphragma trainiert. Die Spezialisierung ist schon im 7. Monat abgeschlossen. Rechte Hemisphären von Mutter und Kind nun in Kommunikation (vgl. Schore). Von nun an wächst vor allem das Gewicht. Die Augen sind offen, die Lungen funktionsfähig, aber unreif. Der Fötus ist überlebensfähig.

Entwicklungsstadien			
Zeit	**Eintei-lung**	**Größe (ca.)**	**Charakterisierung**
40. SSW	Fetalperi-ode		Geburt: »Das Menschenkind wird nicht mit einem komplett funktionierenden myelinisierten vagalen System geboren. Der Säugetier-Vagus ist bei der Geburt nur teilweise myelinisiert und entwickelt sich während der ersten Monate postpartum weiter« (Porges, 2011, S. 122). Gibt es keine medizinischen Interventionen, bestimmt der Fötus den Zeitpunkt seiner Geburt und beginnt sich mit fischartigen, unwillkürlichen Bewegungen von der in den Wehen kontrahierten Uteruswand abzustoßen. Je stärker sich das Kind im Uterus schützen musste, desto weniger mobil und kraftvoll tritt es sich ins Leben.

3. Beispiele für Umstände, die ein pränatales Trauma hervorrufen können

»[D]ie Amygdala ist in der zweiten Hälfte der pränatalen Periode voll funktionstüchtig und falls das ungeborene Baby durch sensorische Aktivität eine sein Überleben bedrohende Situation wahrnimmt, wird diese Erfahrung in der Amygdala gespeichert« (LeDoux, in Janus, 2013, S. 160)

- Abtreibungsversuche
- Länger anhaltende, starke Ambivalenz und Gedanken und Gefühle der Ablehnung
- Chronische Angst und chronischer Stress
- Schwere Depression
- Vorzeitige Wehen (je früher, je häufiger, desto lebensbedrohlicher)
- Längerer Gebrauch von Wehenhemmern
- In-utero Tod eines Zwillings, Drillings
- Tod des Vaters des Ungeborenen oder sehr nahestehender Personen
- Gewalt und Streitereien in der Partnerschaft oder in der nahen Umgebung (z. B. Geschrei, Tritte, Stöße, Schläge)
- Trennung der Eltern
- Medizinische Probleme wie Gestose, Eklampsie, Präklampsie
- Nahrungsmangel
- Missbrauch von Alkohol, Nikotin, anderer Drogen, Medizin (Frank Lake, »The Toxic Womb Syndrome«)
- Naturkatastrophen, Krieg, Terror, Schießereien, Unfälle etc.

3.1 Abtreibungsversuche

Abtreibungsversuche sind immer sehr traumatische Erfahrungen und führen zu der tiefsten Form des schizoiden Eingefrorenseins. Zunächst gerät das Kind in Panik, das kindliche Herz rast, dann sinkt der Herzschlag und es zieht sich in sich zurück und fällt in Schockstarre. Indem es den dorsalen Vagus-Komplex aktiviert (Porges, 2011, S. 292), fällt es in eine Art Angst-Lähmungs-Reflex verbunden mit der totalen Betäubung des Körpers. Der Embryo verbleibt in diesem Zustand und muss die Panik abwehren, erneut in utero angegriffen oder bei der Geburt erwischt zu werden.

Die eigene Mutter wird zur Verursacherin des Traumas. Mögliche spätere Folgen (Lowen, 1978):

- tiefes Kältegefühl
- schwere Depressionen
- reduzierte Lebendigkeit und geringe Wahrnehmung des eigenen Körpers
- tiefe Gefühle von Wertlosigkeit
- Fremdheitsgefühle, Gefühle, nicht in diese Welt zu gehören
- Psychosen, Paranoia
- starkes Misstrauen, ausgeprägte Menschenscheu bis hin zu Autismus (Dowling, 1997)
- hospitalisierte Bewegungen
- unkontrollierbare Aggressionsanfälle
- chronisches Schmerzsyndrom
- Bedrohtheitsgefühle in Nähe aus Angst vor erneuter Lebensgefährdung (Lowen, 1978)

3.1.1 Fall 1

»Ein Hochhaus steht mitten in einem reißenden Fluss. Ich wohne im ersten Stock und kann nur mit dem Boot hingelangen. Ich denke: »Um Gottes Willen, da soll ich leben, ich muss sofort entkommen. Die Strömung wird stärker, sie wird mich hinwegschwemmen. Wie kann ich jemals das Ufer erreichen?«

»Jemand gibt mir ein kleines lebloses Baby mit fürchterlichen Würgemalen am Hals. Voller Entsetzen sage ich zu mir: Wie können Menschen das einem Baby antun?«

Eine 50-jährige Frau, selbst Hebamme, war fast sechs Jahre lang bei mir in Therapie. Sie kam wegen ihres Bluthochdrucks, häufiger Albträume, ihrer schweren Depression und ihrer momentanen Arbeitsunfähigkeit. In ihrer Ehe mit einem sehr viel älteren Ehemann fühlte sie sich am Atmen gehindert. Sie war das sechste von sieben Kindern. Direkt vor ihr hatte die Mutter noch zwei Fehlgeburten. Es war zunächst nicht klar, ob die Mutter sie abgetrieben hatte, aber im Laufe der Therapie fand die Klientin heraus, dass dies der Fall gewesen war. Von Anfang an erinnerte sie sich ganz deutlich an ihre Träume und allmählich wurde es offensichtlich und später von ihrer Mutter auch emotionslos bestätigt, dass sie mehrere Male versucht hatte, sie mithilfe von Stricknadeln abzutreiben. Was die Mutter zu diesem Zeitpunkt allerdings nicht wusste war, dass sie Zwillinge erwartete und als ein Embryo abging, beendete sie weitere Versuche.

In Therapie erlebte sich meine Klientin in utero als völlig eingefroren und in einem schrecklichen Konflikt gefangen: Einerseits hatte sie Angst zu bleiben, andererseits hatte sie Angst herauszukommen.

Tatsächlich wurde sie drei Wochen zu früh mittels eines Notkaiserschnittes geboren, mit der Nabelschnur doppelt um ihren Hals geschlungen.

Ihre Mutter erzählte ihr später oft, dass diese Geburt die dramatischste von allen gewesen sei, weil sie plötzlich stark zu bluten begonnen hatte und die Blutung lange nicht gestoppt werden konnte. Als sie geboren wurde, war meine Klientin durch Sauerstoffmangel bereits blau und konnte nicht atmen. Sowohl die Mutter als auch das Kind befanden sich in Lebensgefahr und wurden getrennt.

Ein Arzt und die Hebamme packten die Neugeborene an den Füßen, hielten sie unter kaltes Wasser und klopften ihr so lange auf den Po und den Rücken bis sie endlich atmete und schrie, was sie mehr oder weniger die folgenden drei Tage und Nächte hindurch tat.

Ihre Mutter konnte sich nicht um sie kümmern, aber die Großmutter kam ab und zu und trug sie eine Weile, was sie beruhigte.

Als die Klientin drei Monate alt war, arrangierte ihre Mutter eine Operation für sie, denn der Spider Naevus, ein größeres, braunes Hautmerkmal an ihrem Hals, störte die Mutter sehr.

Da die Operation nicht gänzlich erfolgreich war, wurde die Klientin mit sechs Monaten erneut operiert. Beide Operationen fanden ohne jegliche Narkose statt. Von da an wurde meine Klientin als ein ganz ruhiges und wohlerzogenes Baby und Kind beschrieben.

Als sie älter wurde, versuchte sie vergeblich, die mütterliche Liebe doch noch zu gewinnen, indem sie so viel mithalf, wie es ihr nur möglich war. Glücklicherweise war ihr warmer und sie annehmender Vater, ein Architekt wie ihr eigener Ehemann, neben der Großmutter eine Kompensation für die nicht empathische Mutter, und ohne die beiden wäre sie »vermutlich sehr bald gestorben.«

3.1.2 Fall 2

»Ich krieche einen steilen Hügel zu einem Turm hinauf, der ganz oben steht. Innen ist ein Loch und ich klettere mit dem Kopf voraus einen engen Tunnel hinunter, bis ich in eine kleine Höhle gelange. Plötzlich greift mich ein von rechts kommender Ritter mit einer Lanze an. Dann ein anderer mit einer Lanze von links. Ich presse mich gegen die Wand und versuche mich zu verstecken.«

»Ich sehe mich in einem Iglu, der in einer arktischen Landschaft steht. Ich bin ganz allein und kann mich an niemanden wenden. Es ist schrecklich kalt und ich habe keine Idee, wie ich in solcher Kälte überleben soll.«

1986 kam im Alter von 36 Jahren ein sehr blasser, hagerer Psychologe »voller Angst, Hass und Wut« in meine Praxis, der mehr tot als lebendig aussah. Die oben geschilderten Träume nannte er die »Standard-Träume meiner Kindheit«, ohne eine Vorstellung davon zu haben, was sie bedeuten könnten. Während der Therapie verstand und fühlte er allmählich, dass er schon im Mutterleib »alle Hoffnung, allen Optimismus, alle Freude und jegliches Vertrauen ins Leben verloren« hatte.

Außer, dass er einen Studienfreund kannte und seine Eltern regelmäßig besuchte, hatte er bislang in fast völliger Isolation gelebt. Noch nie hatte er einen näheren Kontakt zu einer Frau gehabt und es kostete ihn all seinen Mut, nun zu mir zu kommen, weil er »das Leben nicht mehr ertragen konnte und suizidale Gedanken hegte.«

Seine Eltern waren während der Schwangerschaft der Mutter sehr arm und sie lebten zusammen mit der mütterlichen Großmutter in deren Haus. Er war das erste Kind und die Mutter war sehr ambivalent und besorgt, da die Großmutter und der arbeitslose Vater, der ein Alkoholproblem hatte und später Alkoholiker wurde, definitiv gegen ein Baby waren.

Die Mutter und die Großmutter versuchten mehrere Male, ihn mithilfe von Stricknadeln loszuwerden. Da sie erfolglos blieben, sagte die Großmutter schließlich: »Lass uns aufhören, irgendwie werden wir es schon schaffen, das Kind durchzukriegen.«

Während seiner Geburt fiel die Mutter für drei Wochen ins Koma. Alle vier Stunden brachten die Krankenschwestern ihn danach zur Mutter, sodass er zwar wenigstens gestillt wurde, aber da sie überhaupt nicht reagierte, war diese Erfahrung sehr unheimlich für ihn, wie sich in der Therapie herausstellte. Seine Mutter benötigte Monate, um wieder gesund zu werden und seine Großmutter sorgte die meiste Zeit für ihn. Später, als er sich als ein hübscher, kleiner Junge entpuppte, verwöhnte ihn die Mutter, bis sein vier Jahre jüngerer Bruder geboren wurde und er nicht mehr wichtig für sie war.

In wiederkehrenden Träumen wurde er von Kriegsszenen und von ihn jagenden Mördern heimgesucht. Zu Beginn der Therapie war sein einzig sicherer Platz ein Raumschiff hoch oben im Universum, von dem aus er zumindest direkt mit mir kommunizieren konnte. Nach vier Jahren Therapie verließ er mich 1990, da er eine Frau kennengelernt hatte, diese schwanger wurde und er sie nun heiratete. Zehn Jahre später kehrte er, gerade getrennt, zurück und blieb ein paar Monate, um die Trennung zu verarbeiten.

Anfang 2013 kam er erneut, da er nun plante, nach fünf Jahren Beziehung mit seiner Freundin, einer warmherzigen, geselligen Lehrerin, zusammenzuziehen, was ihm große Angst machte.

3.2 Angst und chronischer Stress

> »Im Vergleich zu anderen Säugetieren ist die Plazenta-Verbindung bei Menschen besonders stark ausgeprägt. Hormone, Medikamente und toxische Substanzen benötigen nur wenige Sekunden bis sie durch den mütterlichen Blutkreislauf in die Plazenta gelangen. Für kurze Zeit ist die Plazenta in der Lage, die Stoffe abzupuffern, bei kontinuierlicher weiterer Zufuhr erreichen diese Stoffe das Ungeborene, ganz so als wäre es ein Organ der Mutter« (Dowling, 2006).

In Fällen chronischer Angst oder chronischen Stresses wird das Ungeborene durch einen Schwall mütterlicher Angsthormone (Katecholamine, wie z. B. Adrenalin, Noradrenalin, Cortisol) überflutet, die eine den Sympathikus anregende Wirkung haben, Tachykardie erzeugen und das Kind unter großen Stress setzen. Seine Muskeln spannen sich an und die Blutgefäße zum Kopf hin erweitern sich. Der Mangel an Glückshormonen und Oxytocin belasten das kindliche Vegetativum.

> »In einer angespannten Umgebung fließt das Blut des Fötus eher zu den Muskeln und dem Stammhirn, um die Körperpartien zu versorgen, die für die Überlebensrettungs-Reflexe notwendig sind. In Folge dieser Schutzreaktion fließt weniger Blut in die Eingeweide und die Stress-Hormone unterdrücken ebenso die Funktion des basalen Vorderhirns« (Lipton, 2007, S. 174).

Das Kind kann sich kurzzeitig gut regulieren, erst bei längerem Andauern von Angst- und Stresshormonen kann dies traumatische Wirkung haben und das Frühgeburtsrisiko erhöhen. Das so verunsicherte Kind kommt ängstlich und anhänglich auf die Welt. Das erlernte Stressmuster kann sich nach der Geburt fortsetzen und der Sympathikus bleibt überbetont, was zu Entspannungsproblemen, Reizbarkeit, Entwicklungsverzögerungen und Schlafstörungen führen kann. Das Schreibaby-Syndrom kann ein Versuch des Kindes sein, die Anspannung loszuwerden.

Das erschöpfte Stress-System kann darüber hinaus Infektionen verursachen, da das Immunsystem nachhaltig geschwächt ist (Bauer, 2011, S. 47, S. 117).

3.2.1 Fall 3

Ein 50-jähriger Wissenschaftler kam nach 700 Stunden Psychoanalyse in meine Praxis, da sich einige seiner lästigsten Symptome wie Burn-out, Bluthochdruck, chronische Sinusitis und Bronchitis, sowie die Unfähigkeit, sich alleine wohl zu fühlen, nicht verändert hatten. Die Analyse hatte sich auf die frühe elterliche Trennung, als er drei Jahre alt war, und auf seinen gewalttätigen Stiefvater konzentriert. Der Klient hatte viele Einsichten über sich selbst gewonnen, aber er konnte sich immer noch nicht entspannen und in seinem Körper niederlassen.

Er war das erste Kind einer Mutter, die bereits vor der Schwangerschaft versucht hatte, sich von ihrem latent homophilen, sehr ängstlichen und zurückgezogenen Ehemann scheiden zu lassen. Diesem wiederum gelang es, sie durch eine quasi erzwungene Schwangerschaft an sich zu binden. Im Laufe der Therapie übermittelten ihm seine Träume klare Bilder und Erkenntnisse, weshalb sein Vater ihn nicht lieben konnte, da er »das Kind einer halben Vergewaltigung« sei.

Als der Mutter immer bewusster wurde, dass ihr Mann sie niemals wirklich tief lieben würde und Verantwortung für sie und ein Kind übernehmen würde, dass eher sie seinen Halt darstellte, bedauerte sie die Schwangerschaft und versuchte vergeblich, diese »mittels Mohn und exzessiven Reckübungen zu beenden«. Sie quälte sich mit konstanten Sorgen, ob sie wohl in der Lage sein würde, ein Kind letztlich alleine großzuziehen.

Mein Klient wurde, zwei Wochen übertragen, mithilfe eines Notkaiserschnittes ins Leben geholt. Er war übersät mit Ekzemen und Furunkeln und seine Mutter weigerte sich, ihn zu halten oder gar zu stillen. Die Krankenschwestern übernahmen seine Pflege und selten gab auch die Mutter ihm die Flasche. Während sie nach zwei Wochen die Klinik verließ, blieb er zurück und wurde schließlich »in einem dunklen Zimmer zum Sterben abgestellt«, in dem ihn sein Vater nach einiger Zeit in einem erbärmlichen Zustand vorfand. Er brachte ihn in eine Universitätsklinik, wo er fünf Monate mit Antibiotika behandelt wurde. Seine Mutter arbeitete wieder und empfand »den Weg als zu weit«, um ihn je zu besuchen. Sein Vater kam wenige Male.

Nachdem ihm langsam bewusst wurde, dass seine Symptome sehr viel mit den unterdrückten Gefühlen des ungeborenen und neugeborenen Kindes zu tun hatten, besserten sie sich allmählich. Er wurde selbstfürsorglicher, reduzierte sein Arbeitspensum und ernährte sich gesünder.

Er befindet sich nun mitten in einer dramatischen Reise zurück zu seinen frühesten Verletzungen, seiner tiefen Verzweiflung und Erstarrung.

3.2.2 Fall 4

Eine Frau Ende 30, selbst Ärztin und Therapeutin, wurde mir von einem Kollegen geschickt, da er überzeugt war, dass sie eine körperorientierte Therapie und nicht ausschließlich verbale Therapie benötigte.

Buchstäblich seit sie in das Haus ihres derzeitigen Ehemannes eingezogen war, wo er mit seiner ersten Frau gelebt hatte, die ihn gegen seinen Willen verlassen hatte, hatte sie eine schwere Colitis (Morbus Crohn) mit sporadischen Blutungen und heftigen Durchfällen entwickelt. Kurz bevor ich sie zum ersten Mal sah, war sie aus der Klinik mit der Empfehlung entlassen worden, die infektiösen Teile des Darms operativ entfernen zu lassen, was in ihr große Angst auslöste.

Sie beschrieb sich selbst als extrem stressintolerant, selbst das Packen eines Koffers für den Urlaub, aber auch der Urlaub selbst, belasteten sie sehr.

Sie war das zweite Kind einer jungen, unsicheren Mutter, die ihren ersten Sohn zwei Jahre vor der Geburt meiner Klientin durch einen iatrogenen Fehler verloren hatte.

Während ihrer zweiten Schwangerschaft, noch völlig vom Verlust ihres geliebten Sohnes traumatisiert, hatte sie häufig panische Angst, nun auch noch ihr zweites Kind zu verlieren. Dies führte dazu, dass sie, wie sie später ihrer Tochter eingestand, um sich selbst zu schützen, kaum Freude, Liebesgefühle und wenig pränatale Verbindung zulassen konnte.

In vielen Träumen und pränatalen Übungen erinnerte sich meine Klientin an diese Periode ihres Lebens als an eine Zeit »völliger Einsamkeit« und ihren Körper als »ganz steif und immobil«. Nach ihrer Geburt traf sie auf eine Mutter, die sehr traurig und erschöpft war und sie mit drei Monaten bereits für drei Wochen in ein Kinderheim brachte, »weil die Eltern unbedingt einen Urlaub brauchten«.

Als die Eltern sie wieder abholten, war sie »ein komplett anderes Baby, sehr dünn und fragil«, da sie nicht wirklich Nahrung hatte zu sich nehmen wollen und zusätzlich noch eine Diarrhoe entwickelt hatte.

Die Verbindung zwischen ihrer Stressanfälligkeit und ihrem traurigen und traumatischen Beginn ihres Lebens zu verstehen und zu fühlen, half ihr allmählich, ohne jegliche Operation ihre Krankheit zu bessern. Auch wenn sie noch nicht vollständig geheilt ist, so haben doch die Blutungen ganz aufgehört und die Durchfall-Schübe treten deutlich seltener auf.

Auf der tiefsten Ebene ihrer pränatalen Zeit fand sie die Parallele zwischen ihrer Mutter und ihrem Ehemann: Für Beide war sie »die falsche Person«, und ihre Mutter hätte definitiv vorgezogen, »wenn ich anstelle meines Bruders gestorben wäre«, während ihr Ehemann lieber mit seiner ersten Frau im gemeinsamen Haus sein Leben verbracht hätte. Nach einer Paartherapie entschloss sich meine Klientin zur Scheidung und wohnt nun mit ihrer Tochter alleine. Ein Schritt, den ein ungeborenes Kind vor einer gewissen Zeit (ca. 25 Wochen) niemals machen kann, ohne zu sterben.

3.3 Alkoholmissbrauch: Ein Vergiftungssyndrom

Alkohol zählt neben Nikotin zu den fruchtschädigendsten Giften. Rund 10.000 Babys kommen in Deutschland pro Jahr mit alkoholbedingten körperlichen oder geistigen Schäden auf die Welt, 4.000 davon erleiden schwere irreversible Störungen. Nach Daten des Robert-Koch-Instituts trinkt fast jede fünfte schwangere Frau. Nur ca. 44% der Deutschen sind sich der Gefahren von Alkohol bewusst. Alkoholkonsum der Mutter in der Schwangerschaft ist weit häufiger Ursache für körperliche und geistige Schäden bei Kindern als genetische Erkrankungen. Besonders verheerend wirkt sich Alkohol zwischen der dritten und zwölften Schwangerschaftswoche aus, wenn die einzelnen Organe angelegt werden. Schon geringe Mengen Alkohol in der frühen Schwangerschaft können auch die Entwicklung des kindlichen Sehnervs durch drastische Senkung des Vitamin-A-Spiegels schädigen. Zudem kann dies zu erhöhtem Blutdruck und Nierenschäden führen. Bei schwerem Missbrauch können Gesichtsfehlbildungen eine Folge sein (Dowling, 2006).

Im zweiten Drittel kann Alkohol die Nervenzellbildung behindern. Im dritten Drittel kann er existierende Nervenzellen töten. Äußere Erkennungsmerkmale leichterer Schädigung können sein: Sehr dünne Oberlippe, zurückliegende Augen. Es kommt zwar, anders als beim Nikotin, genug Blut beim Kind an, aber es ist vergiftet, und das Kind muss sich schützen und abschirmen und seine Leber muss Schwerstarbeit leisten.

Kinder mit alkoholbedingten Schädigungen neigen zu Wutanfällen (siehe Fall 5), sie haben wenig Nähe- und Distanzempfinden, sie lernen nicht aus Erfahrungen und können Risiken nicht korrekt einschätzen.

Körperliche Schutzmaßnahmen: Das Kind zieht mittels Psoas-Anspannung die Beinchen an, um die Leistenbeuge abzuklemmen. Der Herzschlag wird reduziert, es wartet quasi in Habacht-Stellung bis der Alkoholpegel sinkt und der Abbau des Giftes einsetzt. All dies muss von der sich entwickelnden Leber des Ungeborenen geleistet werden. Erst wenn der Alkoholpegel genügend gesunken ist, normalisiert sich der Herzschlag wieder.

3.4 Nikotinmissbrauch: Ein Mangelsyndrom

Nikotin ist, stärker noch als beispielsweise Kokain, eines der schädlichsten Gifte und behindert die Entwicklung des Gehirns und des Körpers. Schon eine relativ geringe Menge dieses Stoffes – ca. sechs Zigaretten pro Tag – reicht aus, um Wachstum und Gehirnentwicklung irreparabel zu beeinträchtigen. Auch die spätere kindliche Hyperaktivität steht hiermit in Zusammenhang (Dowling, 1997). Der gesellschaftliche und väterliche Schutz der Schwangeren vor dem passiven Rauchen ist daher eminent wichtig.

Raucht die werdende Mutter selbst oder ist gezwungen, chronisch passiv mitzurauchen, steigt die Gefahr, dass es zu einem Abort, einer Totgeburt oder einer Frühgeburt kommt. Ebenso steigt das Kaiserschnittrisiko. »Raucherkinder« sind bei ihrer Geburt bis zu ein Kilogramm leichter, kleiner und haben einen geringeren Kopfumfang. Sie leiden häufiger an Allergien, Asthma und Infektionen, sie werden öfter tabakabhängig und übergewichtig und zeigen öfter Entwicklungsverzögerungen, Lern- und Konzentrationsprobleme sowie Verhaltensauffälligkeiten (Dowling, 1997).

Das Baby im Mutterleib raucht zwangsläufig mit:

- Kurz nach dem Rauchen oder Passiv-Rauchen der Mutter steigt auch die Nikotinkonzentration im Blut des Ungeborenen.
- Die Sauerstoff- und Nährstoffversorgung von Mutter und Kind verschlechtern sich.
- Das Nikotin bringt den mütterlichen und damit auch den kindlichen Organismus in regelrechten Stress. Die Folgen davon sind Herzrasen und steigender Blutdruck.
- Schon wenn die Mutter nur an eine Zigarette denkt, kommt es beim Ungeborenen zu Tachykardie.
- Dies bewirkt eine Engerstellung der Venen und Arterien und behindert so den Blutkreislauf. Das Blut geht zuerst in das überlebenswichtige Gehirn und weg aus dem Bauchraum und den Extremitäten. Der Organismus wird schlechter durchblutet, Hände und Füße werden kühler.
- Das Kohlenmonoxyd erzeugt durch den Sauerstoffmangel bis hin zum sogenannten »falschen Ersticken« einen Alarmzustand, eine Stressreaktion mit vermehrter Ausschüttung von Adrenalin.

Körperliche Abwehrmethoden des Kindes: Das Kind kann sich zwar besser vor dem Gift schützen als dies bei Alkohol der Fall ist, aber der Mangel an Sauerstoff ist sehr bedrohlich (Porges, 2011). Durch die Erhöhung des Herzschlages drückt das Kind Blut aus seinem Herz- Kreislauf- System heraus und zurück in die Plazenta. Dadurch muss das kindliche Herz Schwerstarbeit leisten, was öfter zu Herzspannung bis hin zu Herzvergrößerung führt (Thema: Ich muss arbeiten, um zu überleben).

3.4.1 Fall 5

Eine 46-jährige Lehrerin, geboren in Litauen, kam zu mir wegen Burn-out, konstanten Stressgefühlen, chronischer Unruhe und ihrem schlechten Kontakt zu ihrer Tochter, die sie allein großzog.

Ihre Mutter hatte als Ärztin in einer Geburtsklinik gearbeitet. »Zwölfmal hatte sie eigenhändig, mithilfe einer Saugglocke, Abtreibungen an sich selbst vorgenommen, ehe sie sich entschloss, – ich weiß nicht warum – mich, als ihr erstes Kind am Leben zu lassen. Unbarmherzig rauchte sie zwei bis drei Schachteln Zigaretten pro Tag und an Wochenenden liebte sie es, vermehrt zu trinken.«

Meine Klientin kam mit einem vergrößerten Herzen, einer Hepatitis und einem »total angespannten Körper« zur Welt. Nach der Geburt wollte sie ihre »Beinchen partout nicht ausstrecken«. Sie war ein richtiges Schrei-Baby und während die Mutter schnell wieder zur Arbeit ging, blieb sie bei ihrer Großmutter. Lange musste ich sie in der Therapie zunächst einmal nur stabilisieren und beruhigen, da sie sich in einem permanenten, hektischen Stresszustand befand. Sie musste mühsam lernen, sich überhaupt einmal entspannen zu können. Die Beziehung zu ihrer Tochter war bislang von Ambivalenzen und Ablehnungsgefühlen geprägt. Sie war ihr gegenüber sehr fordernd, ungeduldig und zuweilen hatte sie aggressive Impulsdurchbrüche, schrie sie an und schlug sie heftig. Zunächst musste in der Therapie für dieses Thema eine Lösung gefunden werden und sie musste erst einmal lernen, sich in ihre Tochter überhaupt einzufühlen.

Je mehr sie in einem langen Therapieprozess erkannte, wie früh und massiv sie selbst geschädigt worden war, desto mehr lernte sie, sich selbst zu beherrschen und sich und ihre Tochter liebevoller anzunehmen.

4. Beispiele für mögliche perinatale Traumen

> »Die Geburt ist die größte Herausforderung für das menschliche Überleben [... sie ...] unterbricht die fetale Abhängigkeit bezüglich der mütterlichen Physiologie und vertreibt den Fötus aus dieser sicheren Umgebung« (Porges, 2011, S. 83).

Eine Geburt ist immer eine große Herausforderung und Umstellung für beide Beteiligte, die aber normalerweise gut integriert und verarbeitet werden kann, sofern sie relativ komplikationslos vonstatten geht, was heutzutage leider immer seltener der Fall ist.

Selbst nach komplizierten Verläufen kann ein Baby durch einen beruhigenden, engen und sicheren Kontakt zur Mutter und/oder zum Vater seine Spannungen mit der Zeit loslassen, sodass die gemachten Erfahrungen nicht notwendigerweise tiefe Spuren hinterlassen müssen.

Beispiele für Komplikationen:

- Kaiserschnitt: Vollnarkose/Periduralanästhesie (PDA)
- Steißlagen-Geburt
- Saugglockengeburt
- Zangengeburt
- Frühgeburt
- Sturzgeburt
- Längeres Steckenbleiben im Geburtskanal und durch Außendruck auf normalem Wege vaginal geboren
- Plazenta praevia, marginalis, partialis, totalis (bei totaler Muttermund-Verlegung ist immer ein Kaiserschnitt erforderlich)
- Deutliche Zyanose aufgrund von Sauerstoff- und Durchblutungsmangel (Blue-Baby-Syndrom, z. B. wegen der Nabelschnur ein- oder mehrfach um den Hals)
- Gebrauch von Wehenmitteln
- Postnatale Trennung von Mutter und Kind aufgrund von Fruchtwasseraspiration oder anderer medizinischer Probleme

4.1 Kaiserschnitt

Primärer Kaiserschnitt: vor der Geburt aufgrund »medizinischer Indikation« geplant und ohne vorherige Wehentätigkeit unter Vollnarkose oder PDA ausgeführt. Dies betrifft nur fünf bis zehn Prozent aller Fälle. Das heißt, dass zuerst die Mutter ›weg‹ ist und kurz danach auch das Kind betäubt ist.

Sekundärer Kaiserschnitt: ungeplant, aufgrund von Komplikationen während der Geburt und häufiger mit PDA ausgeführt.

Wunsch-Kaiserschnitt: Ohne medizinische Indikation an vorher vereinbartem Termin, in der Regel ohne Wehentätigkeit und unter Vollnarkose durchgeführt, Tendenz steigend.

Der Kaiserschnitt ist eine der ältesten Notoperationen, die Jahrhunderte lang für die Mutter und das Kind tödlich verliefen.

In den USA ist er mittlerweile der am häufigsten durchgeführte medizinische Eingriff überhaupt und die Raten liegen – abhängig von der spezifischen Klinik – zwischen 25–50% (Emerson, 2013, S. 90).

Erst seit dem 20. Jahrhundert ist der Kaiserschnitt eine ungefährlichere Operation, die aber immer noch für beide Beteiligten sehr belastend bis traumatisch sein kann. Für die Mutter bedeutet der große Bauchschnitt viele Schmerzen und Narben hinterher, alle Risiken einer Vollnarkose und ein Risiko für Thrombosen und Embolien. Für das Kind sind folgende Komplikationen häufig:

Atemwegsprobleme bis hin zu Lungenentzündung. Da der Druck wegfällt, der bei der normalen Geburt das in sehr geringem Umfang vor oder während der Geburt aufgenommene Fruchtwasser aus den kindlichen Lungen presst, kann es zu stärkerer Fruchtwasseraspiration und Mekonium-Aufnahme (vorzeitiger, noch im Mutterleib ausgeschiedener, geruchloser Darminhalt, das sogenannte Kindspech) kommen. Zudem fallen die wesentlichen Bonding-Erfahrungen der Ganzkörpermassage und das Spüren eigener Körpergrenzen sowie die Immunisierung durch das mütterliche vaginale Milieu im Geburtskanal weg.

Das Kind wird zudem seiner Möglichkeit, selbst bei der Geburt aktiv und wirksam zu sein und den genaueren Zeitpunkt zu bestimmen, beraubt und quasi unfreiwillig und in großer Schnelligkeit aus seiner Behausung geholt.

Stillprobleme: Sind häufig, da die Milch erst einen Tag später als bei einer normalen Geburt gebildet wird und die Mutter oft noch längere Zeit geschwächt und betäubt ist.

Bindungsstörungen: Ungenügende Bonding-Phase nach dem schweren Eingriff, bei dem die Mutter betäubt war. Öfter kommt es anschließend zu Trennungen von Mutter und Kind wegen medizinischen Komplikationen.

Zangengeburt und Saugglocken-Entbindung stellen Alternativen zum Kaiserschnitt dar.

4.1.1 Fall 6

»Ich habe die Aufgabe aus einem Wasserbecken im Schwimmbad zu steigen, ohne das bräunliche, kontaminierte Wasser zu berühren. Ich schaffe es nicht, eine Begleitperson aber sehr wohl.«

»Eine riesige Tsunami-Welle mit braunem, dreckigem Wasser rollt auf mich am Strand zu. Ich renne ein wenig weg, aber ich schaffe es nicht ganz zu entkommen. Meine Füße werden nass. Da der Tsunami aber auf das Meer und das Strandgebiet begrenzt ist und ich mich hinter eine Passage gerettet habe, sterbe ich nicht.«

»Soldaten öffnen abrupt und gewaltsam die Tür zu meinem Zimmer. Sie geben mir keine Zeit, etwas anzuziehen oder meine Sachen zu richten. Sie packen mich mit festem Griff und ich muss sofort das Zimmer verlassen.«

Vor vier Jahren kam eine junge Lehrerin zu mir, die unter Allergien, chronischer Sinusitis und schwerem Asthma, verbunden mit Panikattacken, litt.

Wie ihre älteste Schwester war sie zusammen mit ihrer Zwillingsschwester mittels eines geplanten Kaiserschnittes geboren worden. Anders als ihre Zwillingsschwester (siehe erster Traum) hatte sie bei der Geburt zu viel Fruchtwasser (Fruchtwasseraspiration s. o.) und Mekonium geschluckt und hatte Schwierigkeiten zu atmen. Während ihre Schwester bei der Mutter bleiben konnte, wurde sie in eine Kinderklinik gebracht, wo sie zwei Wochen blieb. Sie entwickelte eine Pneumonie und ihre Mutter kam niemals zu Besuch. Im Laufe der Therapie realisierte sie den Zusammenhang zwischen ihrer frühesten Verlassenheit, den aktuellen Symptomen und der panischen Angst. Sie verlor ihre Angst zu sterben und – nachdem sie während des therapeutischen Prozesses vielerlei Infektionen überstehen musste – fühlt sie sich heute meist »völlig gesund.« Immer deutlicher spürte sie und drückte mit Verwunderung aus, dass, »mein inneres Kind gar nicht weiß, dass es überhaupt schon auf der Welt ist, ohne Geburtsmassage und ohne jegliche liebevolle Berührung nach der Geburt.«

4.2 Steißlagen-Geburt

Bei ca. 5% der Geburten rutscht das Kind nicht mit dem Kopf nach unten und das Becken kommt zuerst durch den Geburtskanal. Die Beine sind nach hinten hochgeklappt und bedecken den Körper und den Kopf. Das Baby befindet sich dadurch in einer verzwickten Lage. Je mehr es zappelt und versucht, seinem natürlichen Bedürfnis nachzugeben, die Beine zu bewegen und gegen die Uteruswand zu stemmen, um sich abzustoßen, desto schlimmer und aussichtsloser wird seine Lage und es kann bedrohliche Erfahrungen von Hilflosigkeit, Ohnmacht und bei längerer Dauer auch von Schmerz und Todesangst erleben. Kommt schnelle Abhilfe, muss eine Steißlagengeburt nicht unbedingt traumatisch wirken. Ist dies jedoch nicht der Fall, sind das Köpfchen und die Wirbelsäule einem hohen Druck und einer starken Zugkraft ausgesetzt, während die Beine und das Becken völlig abgeklemmt und taub werden. Häufig bleibt das Kind länger stecken, was zu Zyanose führen kann. Meist werden dann Narkosemittel verabreicht und Mutter und Kind verlieren den Kontakt zueinander.

Oft wird die Steißlage als Indikation für einen Kaiserschnitt angesehen, muss aber bei kompetenter Betreuung keineswegs dramatisch verlaufen.

Typische spätere psychische und körperliche Konsequenzen: Ohnmachtsgefühle, Angststörungen und Drogenmissbrauch. Rücken- und Bandscheibenprobleme, Beinprobleme, Beckenbereich oft sehr verspannt (Myome und Blasenentzündung treten vermehrt auf), Iliosacral-, Gelenk- und Hüftgelenk-Kreuzbein-Blockierung sowie Darmprobleme können eine Folge sein.

4.2.1 Fall 7

»Ich sitze in einem Rollstuhl. Verzweifelt versuche ich zu gehen, aber so sehr ich mich auch anstrenge, ich kann meine Beine nicht bewegen.« »Gewöhnlich wache ich in Panik auf.«

Ein wichtiger Grund, überhaupt in körperorientierte Therapie zu kommen, war dieser immer wiederkehrende Traum einer 42-jährigen Krankenschwester-Ausbilderin. Zudem erwähnte sie, dass sie »ohne sechs bis acht Flaschen Bier getrunken zu haben, nicht einschlafen könne, dass sie Angst vor der Dunkelheit habe, aber ebenso Angst, wenn es zu hell« wäre. Außerdem könne sie »ihre Mutter nicht in der Klinik besuchen, da sie Panikattacken erleiden würde, sobald sie sich dem Gebäude näherte«. Sie konnte sich ihre Symptome nicht erklären, da sie ein geliebtes Kind war und eine gute Beziehung zu ihren Eltern hatte.

Als wir tiefer mit ihren Träumen arbeiteten, stellte sich heraus, dass die Person im Rollstuhl winzig klein und noch gar nicht geboren war. Sie erfuhr nun auf Nachfrage von ihrer Mutter, dass sie in Steißlage geboren worden war, fast eine Stunde lang im Geburtskanal feststeckte und »drei Ärzte und drei Krankenschwestern auf den mütterlichen Bauch gedrückt« hätten. Der Schmerz war für Mutter und Kind fast unerträglich und als man der Gebärenden (und damit quasi auch meiner Klientin) endlich Lachgas verabreichte, war sie total erleichtert und erinnerte sich an nichts Weiteres mehr.

Allmählich und nach vielen vorbereitenden bioenergetischen Übungen mit ihren Füßen und Beinen, benötigte sie mehrere heilende Geburtserfahrungen, in denen sie ihre eigene Kraft spüren lernte. Die Panik verringerte sich und nach knapp drei Jahren

Therapie verspürte sie keinerlei Neigung mehr, den Schmerz und die Angst des inneren frühen Kindes durch Alkohol zu betäuben, wie es einst mittels Lachgas bitter nötig gewesen war.

4.3 Saugglockengeburt

Die am häufigsten durchgeführte vaginal-operative Entbindung. Ein im mütterlichen Becken stecken gebliebener Säugling wird mithilfe einer Saugglocke am Köpfchen durch die Erzeugung eines Vakuums herausgezogen, beispielsweise aufgrund von abfallenden kindlichen Herztönen oder wenn die Mutter nicht pressen kann oder darf.

Häufig geschieht dies auch schneller und mit geringerem Verletzungsrisiko für die werdende Mutter und das Baby als bei einer Zangengeburt.

Bei schwierigen Verläufen kann es jedoch zu Komplikationen beim Kind kommen:

- Schwellungen bis hin zu starken Verformungen des Kopfes
- Hämatome und Verletzungen der Kopfhaut
- Kiss-Syndrom (Atlas-Axis induzierte Symmetrie-Störung)
- Panikreaktion mit Herzrasen bis hin zu Gefühlen von Todesangst

4.3.1 Fall 8

Eine sehr attraktive 36-jährige Sozialpädagogin, die, seit sie erwachsen war, immer alleine gelebt hatte, kam in meine Praxis und äußerte folgende Gefühle: »Ich bin hässlich, ich bin nicht okay, ich habe nichts zu sagen und nichts zu bestimmen. Ich habe Angst vor Nähe und ich bräuchte mein eigenes, langsames Tempo, aber das ist nie möglich. Mein ganzer Körper fühlt sich taub an.«

Ihre Mutter hatte als Jugendliche Augen-Tuberkulose gehabt und als sie drei Jahre vor der Geburt meiner Klientin ihren erstgeborenen Sohn auf die Welt brachte, platzten die Narben in ihren Augen auf und sie blieb danach für mehrere Wochen blind.

Sie hatte große Angst vor einer erneuten Geburt, aber ihr Ehemann überredete sie und ihre zweite Schwangerschaft war von konstanten Sorgen und Befürchtungen geprägt.

Während der eingeleiteten Geburt wurde ihr, wegen der Gefahr für ihre Augen, verboten, zu pressen und meine Klientin wurde mühsam mithilfe einer Saugglocke ins Leben gezogen. »In totalem Schock und viel zu früh, »wie sie im Laufe der Therapie wieder erlebte, fühlte sie sich zwangsweise in die Welt gezerrt.«

Ihr eingefrorener und erstarrter Zustand wurde noch dadurch verschlimmert, dass ihre kühle und unempathische Mutter sich weigerte, sie in die Arme zu schließen, weil ihr »Kopf so lang gezogen war wie ein Spitzhut und übersät mit blaugrünen Hämatomen und Ödemen.«

Die Krankenschwestern nahmen sie für mehrere Tage fort, da die Mutter ihren Anblick nicht ertragen konnte.

5. Therapeutische Vorgehensweise

Stabilisierung

> »Die Verletzungen können nur auf die gleiche Weise wieder geheilt werden wie sie primär erzeugt wurden: In der Beziehung mit einem anderen menschlichen Wesen« (Hermann, 2010, S. 90).

- Verbale Anamnese, die auch die pränatale und perinatale Zeit und die Rolle des Vaters mit einschließt. Alle Informationen werden nur registriert, ohne dramatisiert zu werden
- Physische Anamnese
- Aufbau einer vertrauensvollen Beziehung in einer sicheren, warmen und willkommen-heißenden Atmosphäre
- Ich-Stärkung und Ressourcen-Orientierung
- Hilfe zur Selbsthilfe, Vermitteln stärkender und/oder beruhigender bioenergetischer Übungen
- Lernen, sich im eigenen Körper und in der Mutter Erde zu verwurzeln
- Stressreduktionsübungen und Übungen zur Selbstwahrnehmung
- Einführung von körperlichen Entspannungs- und Entängstigungs-Übungen, sowie erdender Übungen
- Fokus auf die inneren Selbstheilungskräfte und die Selbstregulation
- Ermutigen, an der eigenen Resilienz zu arbeiten
- Allmähliche Vertiefung der Atmung anregen
- Therapeutisches Arbeiten mit Nähe und Distanz und – falls erlaubt – mit Berührung und Halten. Grounding im Körper der Therapeutin, des Therapeuten, besonders, wenn sich das Stehen und sich im Stehen Bewegen nicht richtig anfühlen oder wenn es unmöglich erscheint, sich alleine in seinem Körper sicher und wohl oder überhaupt in ihm anwesend zu fühlen
- Im Sinne Yaloms eine Beziehung der »reinen Verbundenheit« aufbauen (Yalom, 2008, S. 197)
- Angst und Immobilität müssen mit der Zeit entkoppelt werden; Methoden, um aus einem Zustand der Erstarrung oder Dissoziation herauszukommen, müssen vermittelt werden
- Traumanalyse ohne therapeutische Deutung oder Interpretation. Die/der Träumende findet seine eigenen Antworten, auch wenn es in der Stabilisierungs-Phase

manchmal ganz eindeutig noch Fehlinterpretationen aus Schutzgründen gibt (typisch beispielsweise bei ehemaligen Brutkasten-Kindern). Dies muss selbstverständlich respektiert und darf nicht aufgedeckt werden.

Trauma-Rekonstruktion/Wiedererleben

> »Nicht-entladene, toxische Energie verschwindet nicht einfach. Sie verbleibt im Körper und erzwingt häufig die Bildung einer Vielzahl unterschiedlicher Symptome, wie beispielsweise Angst, Depression, unerklärlicher Ärger; ebenso körperliche Symptome von Herzproblemen bis zu Asthma« (Levine, 1997, S. 20).

Da das pränatale und das neugeborene Baby weder einen entwickelten präfrontalen Cortex besitzt noch über einen funktionierenden Hippocampus verfügen kann, da dieser erst im Alter von drei Jahren voll ausgereift ist, können diese ganz frühen Erlebnisse und Verletzungen nicht kognitiv eingeordnet und verstanden werden, sondern sie werden in der Amygdala und im Stammhirn gelagert und treten quasi verschlüsselt als zermürbende Gefühle und Symptome in Erscheinung (Herman, 2010, S. 60).

Um nun mit dem so früh verletzten oder gar traumatisierten pränatalen und perinatalen Kind zu kommunizieren, muss man daher die Sprache des Stammhirns, des limbischen Systems und der Körpererinnerung sprechen. Ein Dialog von rechter zu rechter Hemisphäre zwischen der Therapeutin/dem Therapeuten und den Klienten sollte unbedingt etabliert werden (Shore, 1994). Falls Träume, Erinnerungen oder die Körpersprache auf prä- und/oder perinatale Verletzungen hindeuten (manchmal geschieht dies auch schon gleich zu Beginn der Therapie), sollte der Prozess langsam zu den Erfahrungen im Mutterleib oder bei der Geburt mittels folgender *therapeutischer Vorgehensweisen* hinführen:

- Das Arbeiten mit den Träumen
- Lernen zwischen dem Kinderanteil und dem Erwachsenen und zwischen den frühen Pflegepersonen und der aktuellen, therapeutischen Bezugsperson zu unterscheiden
- Psychische und physische Symptome als Sprache des Kindes verstehen
- Vertiefung eines sorgfältigen analytischen Verständnisses bezüglich dessen, was geschah, wann und warum, da es nur so vom Erwachsenen verarbeitet und integriert werden kann
- Diagnose der Fingerabdrücke (Dowling; Nathanielsz)
- Ein tiefes Eintauchen in das Unbewusste und die eigene Innenwelt ermöglichen durch Induktion der Alpha-Gehirnwellenfrequenz, des Bereiches des en »superlearnings« (Lipton, 2007)
- Geführte Imaginationsreisen im tranceartigen Alpha-Zustand, bei denen man ohne jegliche Vorinformation präzise Bilder, Vorstellungen und Gefühle der intrauterinen und der perinatalen Zeit ins Bewusstsein bringen kann
- Pränatales Atmen, um sich an diese Zeit zu erinnern

- Manchmal ein buchstäbliches Zurückgehen in einen symbolisierten Mutterleib, bedeckt mit einem ganz dünnen, dunklen Tuch und den Füßen am Bauch der Therapeutin oder des Therapeuten geerdet. In einem Dialog mit dem Ungeborenen kann über die körperliche Wahrnehmung herausgefunden werden, was es wirklich fühlte, weshalb es vielleicht gar nicht geboren werden wollte oder in manchen Fällen sogar, warum es eigentlich zögerte, sich in dieser speziellen Mutter überhaupt einzunisten
- Die Klienten sollten verstehen und auch allmählich glauben, dass jegliche Gefahr vorüber ist, dass, wenn sie sich nun niederlassen und bewegen, lernen, ihre ganze Lebendigkeit zuzulassen und schließlich bereit sind, geboren zu werden; und dass keine zum Beispiel depressive, ablehnende, desinteressierte, kalte, bedrohliche, gestörte oder gar nicht wirklich innerlich präsente Mutter mehr auf sie wartet, sondern, dass sie nun sowohl vom warmen, willkommen-heißenden Therapeuten empfangen und begleitet werden als auch vom erwachsenen, kompetenten Anteil ihres Selbst
- Verstehen und integrieren, dass die Gefangenschaft in einer kalten, ablehnenden oder vergifteten Behausung endgültig der Vergangenheit angehört
- Lernen, ganz neue Lösungen und Möglichkeiten zu nutzen, die ein pränatales und perinatales Kind, das weder kämpfen noch fliehen konnte, nicht hatte
- Spezielle rhythmische Atemübungen (Grof, 1983)
- Spezifische rhythmische pränatale Körperübungen (Blomberg, 2011) zur Integration nicht integrierter primitiver Reflexe. Diese Übungen dämpfen überdies den sympathischen Tonus, fördern den sozialen emotionalen Vagus (Porges, VVC, 2011) und stimulieren das Stammhirn. Während die Klienten liegen, werden sie rhythmisch an den Füßen, dann den Knien, Hüften, Brust und Kopf bewegt. Das passive Wiegen simuliert die Bewegungen, den Herzschlag und den Atemrhythmus der Mutter. Indem das Stammhirn aktiviert wird, werden auch die höheren Gehirnstrukturen positiv beeinflusst und zur Reifung angeregt (Blomberg, 2011). Auch das limbische System, das Kampf, Flucht oder Erstarrung mitreguliert, kann so beruhigt werden (Porges, 2011, S. 190)
- Etablierung des natürlichen, unwillkürlichen Geburtsreflexes, der mit der Zeit die Erstarrung freischütteln kann. Dadurch werden die Klienten mit Geburtstraumen darauf vorbereitet, ihre Geburt auf eine heilsame Weise neu zu erleben
- Gewöhnlich werden mehrere neue Geburtserfahrungen benötigt, bis die alte Erfahrung quasi überschrieben werden kann und die Klienten ihre Selbstwirksamkeit und ihre Potenz nachhaltig wieder spüren und bis ihnen tief bewusst wird, dass sie sehr wohl in der Lage sind, aus eigener Kraft auf die Welt zu kommen und dass sie nun einen starken, erwachsenen Körper bewohnen
- Herausfinden und Ausdrücken der bisher nicht gelebten, instinktiven Reaktionen, die damals unterdrückt werden mussten

- Lernen, tiefe, oft existenzielle Gefühle auszuhalten und auch wieder zuzulassen. Die Therapeuten sollten in Resonanz gehen, fühlen, was das innere Kind fühlte, ohne überwältigt zu werden und es halten, trösten und ermutigen (Bauer, 2011; Levine, 2011, S. 65)
- Die Verbindung des pränatalen und perinatalen Stammhirns und limbischen Systems mit dem Cortex und dem präfrontalen Cortex des Erwachsenen muss gestärkt werden, damit die stärksten und frühesten Überzeugungen besser verstanden und geändert werden können, was bei der geringen Plastizität des Stammhirns ein langwieriges Unterfangen darstellt
- Letztlich geht es darum, die tief verwurzelten Erfahrungen und Wahrnehmungen dieser frühen Zeit zu integrieren, zu akzeptieren und sowohl kognitiv als auch auf der Körperebene zu erkennen, dass sie vorüber sind

Schlussbemerkungen

Niemals mehr in unserem Leben werden wir ein Teil von Jemand anders sein, so tief mit Jemand verbunden, so fundmental von Jemand beeinflusst und so abhängig und verletzlich wie in unserer vorgeburtlichen Lebensphase.

Bevor wir auch nur in die Augen unserer Mutter schauen können, ›wissen‹ wir bereits eine Menge über ihre Persönlichkeit, ihre Kraft, ihre Gesundheit, ihr Gefühlsleben, ihre Sexualität, ihre Lebenseinstellung, aber auch und besonders über die Qualität ihrer Bindungs- und Liebesgefühle uns gegenüber. Unsere individuelle und persönliche Geschichte beginnt somit lange vor unserer Geburt. Und falls unsere ersten Bindungserfahrungen hinreichend optimal und positiv waren, unsere Geburt relativ normal und unkompliziert und wir in unserer perinatalen Zeit von einer liebevollen, warmherzigen, psychisch und physisch einigermaßen gesunden Mutter umsorgt wurden, so haben wir eine erste, sehr wichtige, sichere Basis in dieser Welt, die durch die ergänzende, väterliche Zuwendung und Unterstützung von Anbeginn an deutlich verstärkt werden kann.

War dies jedoch nicht der Fall, wäre es für die Heilung unbedingt notwendig, zu unseren frühesten und uns auf tiefste Weise formenden Prägungen, Verletzungen und Überzeugungen zurückzukehren, andernfalls können sie nie verarbeitet und weitgehend gelöscht werden.

Die pränatale und die perinatale Zeit unseres Lebens stellt quasi unser Fundament dar; und selbstverständlich ist diese Periode nur der allererste Beginn einer langen Geschichte, aber ein Beginn, der einen permanenten und nachhaltigen Eindruck auf unser gesamtes weiteres Leben machen kann.

Um abschließend Thomas Verny zu zitieren: »Die Betrachtung prä- und perinataler Traumen ohne die Exploration nachfolgender Traumen ist genauso unvollständig wie eine Psychotherapie, die die prä- und perinatale Periode vernachlässigt« (Verny, 2013, S. 203).

Literatur

Alberti, B. (2005). *Die Seele fühlt von Anfang an*. München: Kösel-Verlag.

Bauer, J. (2011). *Das Gedächtnis des Körpers*. München/Zürich: Piper-Verlag.

Bowlby, J. (1988). *A Secure Base. Parent-Child Attachment and Healthy Human Development*. New York: Basic Books.

Bloemek, V. (2003). *Es war eine schwere Geburt. Wie traumatische Erfahrungen verarbeitet werden können*. München: Kösel-Verlag.

Blomberg, H. (2012). *Bewegungen, die heilen*. Freiburg: VAK-Verlag.

Chamberlain, D. (2001). *Woran Babies sich erinnern. Die Anfänge unseres Bewusstseins im Mutterleib*. München: Kösel-Verlag.

Dowling, T. (1989). The Use of Placental Symbols in Acuming Pre- and Perinatal Experience. In P.G. Fedor-Freyberg & M.V. Vogel (Hrsg.), *Prenatal and Perinatal Psychology and Medicine*. Heidelberg: Mattes-Verlag.

Dowling, T. (1991). The Roots of the Collective Unconscious. In L. Janus & L. Haibach (Hrsg.), *Das Seelenleben des Ungeborenen*, Herbolzheim: Centaurus Verlag.

Dowling, T. (1991). *Pränatale Regression in der Hypnose*. Heidelberg: Textstudio Gross.

Emerson, W. (2000). *Shock. An Universal Malady, Pre- and Perinatal Origins of Suffering*. Pataluma: Emerson Seminars.

Evertz, K., Janus, L. & Lindner, R. (Hrsg.). (2014). *Lehrbuch der Pränatalen Psychologie*. Heidelberg: Mattes-Verlag.

Fodor, N. (1949). *The Search for the Beloved. A Clinical Investigation of the Trauma of Birth and Prenatal Condition*. New York: University Books.

Grof, S. (1983). *Topographie des Unbewussten*. Stuttgart: Klett-Cotta.

Hermann, J. (2010). *Die Narben der Gewalt. Traumatische Erfahrungen verstehen und überwinden* (3. Aufl.). Paderborn: Junfermann.

Hollweg, W.H. (1998). Der überlebte Abtreibungsversuch. *International Journal of Prenatal and Perinatal Psychology and Medicine, 10*(4), 256–262.

Hüther, G, (2008). *Die Macht der inneren Bilder*. Bern: Huber Verlag.

Levine, P. (1997). *The Tiger. Healing Trauma*. California: North Atlantic Books.

Levine, P. (2011). *Sprache ohne Worte. Wie unser Körper Trauma verarbeitet und uns in die innere Balance zurückführt* (2. Aufl.). München: Verlag.

Lipton, B. (2007). *Intelligente Zellen. Wie Erfahrungen unsere Gene steuern*. Burgrain: KOHA-Verlag.

Lowen, A. (1978). *Der Verrat am Körper*. München: Kösel-Verlag.

Janus, L. (1991). *Erscheinungsweisen pränatalen und perinatalen Erlebens in den psychotherapeutischen Settings*. Heidelberg: Textstudio Groß.

Janus, L. (2000). *Der Seelenraum des Ungeborenen. Pränatale Psychologie und Therapie*. Heidelberg: Walter Verlag.

Janus, L. (Hrsg.). (2013a). *Die pränatale Dimension in der Psychotherapie*. Heidelberg: Mattes-Verlag.

Janus, L. (Hrsg.). (2013). Die pränatale Dimension in der psychosomatischen Medizin. *psychosozial, Nr. 134, 36*(4).

Ledoux, J. (2002). *The Synaptic Self. How Our Brains Become Who We Are*. New York: Penguin Books.

Nathanielsz, P. (1999). *Life in the Womb. The Origin of Health and Disease*, New York: Promethean Books.

Nilsson, L.A. (1998). *Child is Created*, Stockholm: Mosaic- Books.

Porges, S.W. (2011). *The Polyvagal Theory. Neurophysiological Foundations of Emotions, Attachment, Communication, Self-Regulation.* New York: Norton.
Schindler, P. (Hrsg.). (2011). *Am Anfang des Lebens.* Basel: Schwabe-Verlag.
Schore, A. (1994). *Affect Regulation and the Origin of the Self,* New York: Erlbaum.
Sonne, J.C. (1996). Interpreting the Dread of being Aborted in Therapy. *International Journal of Prenatal and Perinatal Psychology and Medicine, 8*(3), 317–340.
Verny, T. (1992). *Das Leben vor der Geburt.* Frankfurt/M.: Zweitausendeins.
Verny, T. (1995). *The Secret Life of the Unborn Child.* New York: Dell.
Verny, T. (1997). Birth and Violence. *International Journal of Prenatal and Perinatal Psychology and Medicine, 9*(2), 5–15.
Yalom, I.D. (2008). *In die Sonne schauen.* München: Btb.

Die Autorin

Wera Fauser ist Psychotherapeutin und Heilpraktikerin in privater Praxis; zertifizierte Bioenergetische Analytikerin seit 1987, Supervisorin, Lehrtherapeutin und internationale Trainerin (IIBA Faculty)). Sie studierte Anglistik und Germanistik. Ausgebildet in Familien- und Paar-Therapie, Gestalt-Therapie und Pränataler und Perinataler Psychologie.

Kontakt

Wera Fauser
Hermann-Löns-Weg 46/3
D-69245 Bammental (b. Heidelberg)
E-Mail: wera.fauser@web.de

Die Erweiterung meiner Arbeit als analytischer Kinder- und Jugendlichenpsychotherapeut durch die Integration der bioenergetischen Analyse

Ralf Quartier

Wodurch unterscheidet sich die Arbeit eines analytischen Kinder- und Jugendlichenpsychotherapeuten von der Tätigkeit eines klassisch bioenergetisch arbeitenden Körperpsychotherapeuten?

Die Antwort ist zunächst einfach – sie unterscheidet sich durch die Patienten, denn bislang gibt es keine auf Kinder und Jugendliche zugeschnittene Ausbildung im Bereich der Bioenergetischen Analyse.

Im Laufe der Jahrzehnte haben sich bei den Analytikern und Tiefenpsychologen sowie bei den Verhaltenstherapeuten eigenständige Forschungsbereiche und theoretische Konzepte für die Kinder- und Jugendlichenpsychotherapie entwickelt, die auch in der praktischen Ausbildung eigene Konzeptionen hervorgebracht haben.

In weiteren humanistischen, nicht von den Krankenkassen zugelassenen Therapieverfahren wurden, neben der Erwachsenenpsychotherapie, ebenfalls eigene Ausbildungsgänge für die Kinder- und Jugendlichenpsychotherapie etabliert (z.B. in Gestalttherapie, Psychodrama, Hypnotherapie oder auch in Zusatzausbildungen wie der katathym-imaginativen Psychotherapie oder der EMDR-Ausbildung).

In der bioenergetischen Analyse gibt es keine explizite Ausbildung für die therapeutische Arbeit mit Kindern und Jugendlichen.

Lowens Zielgruppe waren ausschließlich erwachsene Patienten wie es auch bei allen anderen Psychotherapievätern vor ihm der Fall war. Freud, Jung, Adler, Reich, um nur die Bedeutendsten zu nennen, haben ihre Theorien und therapeutischen Methoden an, mit und über Erwachsene entwickelt. Es blieb den folgenden Generationen, zum Beispiel Anna Freud sowie Eva Reich, vorbehalten, das gewonnene Wissen auf die Arbeit mit Kindern und Jugendlichen zu übertragen.

In den körperpsychotherapeutischen Schulen gibt es einzelne Vertreter, die vorhandene Konzepte aus dem Bereich der Erwachsenenkörperpsychotherapie in ihre praktische Arbeit mit Heranwachsenden übertragen, indem sie diese auf die Bedürfnisse der jungen Menschen zuschneiden.

Hier ist der Arzt und Kinderpsychiater Arnt Halsen aus Norwegen zu nennen. Er veränderte einige Übungen Lowens, sodass sie in der therapeutischen Arbeit mit Kindern und Jugendlichen anwendbar wurden. Er fasste die Übungen in einer Konzeption zusammen, die er als Ergänzung zur Spieltherapie betrachtete (vgl. dazu Ventling, 2005, S. 54ff.).

Zumindest im deutschsprachigen Raum existiert meines Wissens bislang kein zusammenhängendes Konzept einer körperpsychotherapeutischen Ausbildung für Kinder und Jugendliche.

Für die Bioenergetische Analyse gilt mit Sicherheit: Es gibt keine Konzepte und nur wenige Erfahrungsberichte zur therapeutischen Arbeit mit Kindern und Jugendlichen.

Die Basis, auf der meine therapeutische Arbeit steht, lässt sich mit meiner Antwort auf eine häufige Eltern-Frage beschreiben: »Wie werden Sie das Problem meines Kindes angehen?« – »Erwachsene beschreiben in der Regel ihr Problem mit Worten, sie sprechen sich aus. Kinder zeigen ihr Problem im Spiel, sie spielen sich aus und es ist meine Aufgabe, ihr Spiel zu verstehen und dabei spielerische Angebote zu machen, die helfen, das Problem zu überwinden. Je älter ein Kind ist, je mehr wird dieser Prozess von Sprache begleitet.«

Im Folgenden werde ich darstellen, wie ich bioenergetische Übungen in mein Behandlungskonzept integriere und sie spielerisch einführe.

Voraussetzung für die bioenergetische Therapie mit Jugendlichen und jungen Erwachsenen ist es, sie für die Idee zu gewinnen, dass »gymnastische Übungen« helfen können, das Problem, mit dem sie zu mir kommen, zu lösen. In der Adoleszenz ist der sich wandelnde Körper sehr häufig hochgradig ambivalent besetzt und es ist meist peinlich, ihm öffentlich Aufmerksamkeit zu widmen.

Unerlässlich ist das Herstellen einer sicheren von Vertrauen getragenen therapeutischen Beziehung. Auf diesem Boden hilft das Grounding-Konzept, den Jugendlichen ein Gefühl dafür zu vermitteln, dass es hilfreich sein kann, körperliche Erfahrungen und Erlebnisse in die therapeutische Arbeit einzubeziehen.

Um meine Patienten an das Grounding heranzuführen, rege ich sie in der Regel zu einer aktiven Fantasiereise an: Ich lege 10–15 unterschiedliche Fußmatten aus und lade die Patienten zu einer Reise durch verschiedenste Landschaften ein, die zu den jeweiligen Matten passen. Das Spüren der Füße wird auf diese Weise aktiviert und mit Imaginationen verbunden. Dabei fällt immer wieder auf, wie wenig differenziert die Patienten den Untergrund beim ersten Mal oft erleben. Sie müssen lernen, die Unterschiede zu spüren und diese schließlich in Worte zu fassen.

Jugendliche lasse ich eine Zeitlupenübung machen, in deren Verlauf sie die Aufgabe haben, innerhalb von zwei Minuten ohne Stopps aus der sitzenden Position ins Stehen zu kommen. Anschließend sprechen wir über ihre Erfahrungen. Sehr häufig höre ich, wie anstrengend das ist und ich kann nachfragen, wo sie die Anstrengung spüren und wie sie sich anfühlt. Nicht selten sind die Jugendlichen überrascht und erstaunt über die

Entdeckungen, die sie so machen. Im Anschluss kann ich ihnen anschaulich erklären, dass es in der Behandlung immer wieder auch um solche körperliche Erlebnisse geht, die in enger Verbindung mit emotionalen Erfahrungen und inneren Haltungen stehen.

Fallvignetten[1]

Karl

Karl ist zwölf Jahre alt und wird aufgrund einer depressiven Entwicklung mit aggressiven Durchbrüchen und Selbstverletzungstendenzen von einem Kinder- und Jugendpsychiater geschickt. Seine Mutter beschreibt folgendes Verhalten: Karl sitzt antriebslos in seinem Zimmer und starrt an die Wand, zieht sich aus allen sozialen Kontakten raus. Schulischer Leistungsabfall seit sechs Monaten. Aus der Vorgeschichte ist hervorzuheben, dass Karl als Kleinkind aufgrund taktiler Wahrnehmungsstörungen lange Frühförderung erhalten hat. Seine Mutter berichtet im Erstgespräch, dass sie aktuell wieder Körperwahrnehmungsstörungen bei Karl beobachtet. Wenn er zum Beispiel nach einem Regen durchnässt zu Hause ankommt, scheint er die nasse Kleidung nicht zu spüren. Sein Wärme- und Kälteempfinden scheint ebenfalls aus dem Gleichgewicht geraten zu sein.

Psychodynamisch besteht sein interpsychischer Konflikt in der Angst, dass sich die Eltern trennen und er den Kontakt zu seinem Vater verlieren würde. Das Paar lebt in einer seit zwei Jahren bestehenden Ehekrise mit vielen verbalen Auseinandersetzungen, die die Kinder mitbekommen. Karls Vater hat sich in den ausgebauten Dachboden zurückgezogen und nimmt wenig am Familienleben teil. Nach Aussage der Mutter hat Karl lange um die Aufmerksamkeit des Vaters gekämpft und scheint resigniert zu haben.

Intrapsychisch lässt sich vermuten, dass der Junge von Geburt an keine sichere Bindung erfahren hat. Seine Mutter war mit seinen schwierigen älteren Geschwistern überfordert. So zog er sich vom Außen ins Innere zurück und betäubte damit seine Wahrnehmungsfähigkeit, die sich jetzt in der Krise seiner Eltern noch einmal verstärkt.

In den ersten Stunden zeigt Karl sich abgestumpft, sein Blick ist auf den Boden gerichtet, er gibt einsilbige Antworten und scheint nicht an seiner Umgebung, das heißt an mir und den Möglichkeiten, die der Therapieraum bietet, interessiert zu sein. Er wirkt resigniert, lustlos und nicht begeisterungsfähig. Beim Gang über die Matten gibt er an, nichts zu fühlen und zu spüren. Es gelingt ihm kaum, einen Unterschied zwischen den Matten festzustellen. Ich gebe ihm schließlich eine Vorstellung davon, was er meiner Meinung nach erreichen kann: »Ich glaube, du kannst es schaffen, deinen

1 Alle Patientennamen wurden in den folgenden Fallvignetten geändert.

Füßen Augen zu geben, die alle Matten wiedererkennen können, auch wenn ich deine Kopfaugen verbinde.« So läuft Karl also zu Beginn einer jeden Stunde immer wieder über die Matten und beschreibt die Unterschiede. Langsam aber sicher lässt er sich ein und beginnt Spaß daran zu finden, die Matten, die jedes Mal in anderer Reihenfolge liegen, zu erkunden und zu identifizieren. Daneben spielen wir manchmal noch das Fühlerkennspiel, bei dem er verschiedene Gegenstände unter einer Decke ertastet.

Nach der 23. Therapiestunde kommt es mit den Ferien zu einer siebenwöchigen Therapiepause. Als Karl zur 24. Stunde kommt, lässt er sich freudig die Augen verbinden und bewältigt den Matten-Parcours selbstsicher und mit hundertprozentiger Trefferquote. Im Behandlungsverlauf biete ich mich dem Jungen für eine positive Vaterübertragung an, worauf Karl eingeht. Auf dieses Beziehungsangebot reagiert er mit wachsender Autonomie. Parallel habe ich über die Elterngespräche beim Vater mehr Interesse für seinen Sohn wecken können. Beide unternehmen nun mehr miteinander.

Die Verbindung der drei beschriebenen therapeutischen Elemente – intensives Grounding, positive Übertragungsbeziehung sowie begleitende Elterngespräche – im Rahmen der klassischen Spieltherapie führen für Karl zu neuen Entwicklungsimpulsen.

Taro

Eine ähnliche Dynamik liegt bei Taro vor. Er ist ein neunjähriger türkischer Junge, Diabetiker und benötigt seit seinem fünften Lebensjahr Insulininjektionen. Es entstand eine besonders enge Bindung an die Mutter, welche die Verantwortung für regelmäßige Injektionen übernimmt, jeden seiner Schritte überwacht und ständig seine Blutzuckerwerte überprüft.

Taro wird vom behandelnden Kinderarzt überwiesen, der selbstzugefügte Brandverletzungen an dem Jungen entdeckte. Er hielt den Jungen für depressiv und suizidgefährdet. Die Eltern beschrieben den Jungen zu Hause als angepasst. Vor Kurzem hat die Klassenlehrerin bei den Eltern angerufen und mitgeteilt, dass Taro Mitschülerinnen aggressiv angehen würde und sich der Klassenlehrerin gegenüber respektlos verhalte. Er sei Außenseiter, seine Mitschüler würden ihn meiden.

Taro zeigt zu Beginn der Behandlung einen schlaffen Händedruck, geringe Körperspannung, eine leise Stimme und blickt permanent zu Boden. Er äußert mir gegenüber, dass er nicht gut spüren könne und die Insulinspritzen überhaupt nicht merke.

Da Taro selbst sein mangelndes Körpergefühl gleich zu Anfang unseres Kontaktes benennt, lasse ich ihn bereits während der probatorischen Sitzungen regelmäßig mit den Fußmatten Wahrnehmungsübungen durchführen, die während der gesamten Kurzzeittherapie beibehalten werden.

Neben der Wahrnehmung über die Fußmatten führe ich auch die Arbeit mit Massagebällen ein und lade ihn regelmäßig zum Fühlerkennungsspiel ein.

Die verschieden großen Massagebälle rolle ich über seinen Körper und Taro benennt die Farbe der Bälle.

Im Fühlerkennungsspiel liegen verschiedene Gegenstände unter einer Decke, die Taro mit den Händen ertastet und benennt.

Im Verlauf der Therapie lasse ich ihn immer wieder über die Matten gehen und lade ihn ein, zu erspüren, auf welchem Untergrund, zum Beispiel auf welchem Weg (Sand- oder Waldweg u.Ä.) er gerade steht.

Mit Taro führe ich im Verlauf der Therapie mehrere katathyme Bilderreisen durch, unter anderem den Baum: Er erlebt sich als krumm gewachsenen Baum, in den ein Blitz eingeschlagen hat. Ein Ast ist verkohlt, aber der größte Teil des Baumes ist gesund und Taro beschreibt ihn als etwas Besonderes. Jungianisch gesprochen erfährt Taro den heilen archetypischen Bereich, entdeckt seinen gesunden Selbstanteil, worüber er Kontakt zu seiner Lebensfreude findet.

Nach dem katathymen Baum-Erleben lasse ich den Patienten in einer der nächsten Stunden seinen Platz für den Baum auf den Fußmatten wählen. Er geht von Matte zu Matte, spürt genau nach, wo er seinen Baum wurzeln lassen will. Bevor er sich endgültig festlegt, entscheidet er sich noch einmal um und ist schließlich sicher, den richtigen Boden gefunden zu haben. Er nimmt die krumme Haltung des zuvor visualisierten Baumes ein, steht krumm und sicher da, streckt die Äste in Gestalt seiner Arme aus und wirkt ganz eins mit sich.

In Taros Fall kommt es zu einer recht schnellen Symptomverbesserung, er beginnt, sich die Insulin-Injektionen selber zu geben und übernimmt immer mehr Verantwortung für sein Verhalten bezüglich des Diabetes. Die Verbindung von Körpertherapie und Imagination führt dazu, dass der Junge lernt, sich zu spüren. Entscheidend für die deutliche Verringerung der Symptomatik ist sicherlich auch, dass Taro von seinem Vater eine veränderte Aufmerksamkeit erhält. Zu den Elterngesprächen kommt dieser immer alleine, obwohl er sehr viel schlechter deutsch spricht als seine Frau und sich sonst um die Kindererziehung nicht kümmert. Taro ist sichtlich erfreut, denn nach jedem Elterngespräch erwähnt er, dass sein Vater ja hier war und wir über ihn geredet hätten. Über die begleitenden Gespräche kommt es zu einer nachträglichen Triangulierung, die ihn aus der überstarken Mutterbindung befreit. Taro lernt im Rahmen der Spieltherapie das Billardspiel und wird schließlich regelmäßig von seinem Vater in den türkischen Verein mitgenommen, wo beide miteinander Billard spielen.

Annika

Die zehnjährige Annika wird von ihrer Mutter vorgestellt. Sie beschreibt folgende Auffälligkeiten: Lernblockaden, Konzentrationsstörungen, nervöse motorische Unruhe, Schulleistungsabfall.

Hintergrund scheint der Rosenkrieg der Eltern zu sein. Die Mutter zeigt sich als dynamische Powerfrau und arbeitet als Personalchefin in einem mittelständigen Unternehmen. Der Vater ist Akademiker, arbeitslos und laut Aussagen der Mutter depressiv, was sie in den Wahnsinn treibe und zu vielen Vorwürfen ihm gegenüber führe. Durch eine Außenbeziehung der Mutter kommt es schließlich zur Trennung. Der Vater zieht in eine Zweizimmerwohnung, während die Mutter mit den Kindern in eine Vierzimmerwohnung in der Nähe ihres Arbeitsplatzes umzieht. Annika und ihr Bruder verlieren ihr bisher vertrautes Umfeld: Alle vertrauten sozialen Kontakte brechen ab und das Zusammenleben mit ihrem Vater, der sie bislang immer als Hausmann betreut hat, endet.

Intrapsychisch durchlebt Annika einen klassischen ödipalen Konflikt. Sie liebt ihren Vater und sorgt sich um ihn. Sie schwärmt von den Wochenenden bei ihm und bringt ihre Mutter damit gegen sich auf. Diese kritisiert, dass ihr Exmann die Nächte mit beiden Kindern in einem Bett verbringt.

Annika steht unter einer starken Anspannung, was ich schnell in der Gegenübertragung spüre. Sie ist ständig in Bewegung, kann nicht ruhig auf dem Stuhl sitzen. Sie redet pausenlos, geht getrieben durch den Raum, stellt Fragen, ohne die Antwort abzuwarten. Sie räumt Spiele aus dem Schrank, um sie kurz anzuschauen und sich dem nächsten Spiel zuzuwenden. Ich spüre Unruhe im Bauch, Verwirrung im Kopf und merke, dass ich ungeduldig und latent aggressiv werde. Ich erinnere mich an die Mutter im gemeinsamen Vorgespräch: »Jetzt halt doch mal still« und zu mir gewandt: »Das geht den ganzen Tag so.«

Die Unruhe scheint Ausdruck der augenblicklichen Lebenssituation Annikas zu sein. Ich stelle mir folgende Fragen: Wie kann sie sich zentrieren? Wie kann sie zu Ruhe kommen?

Ich biete ihr den Pezziball an, der ihr erlaubt, in Bewegung zu bleiben. Annika nutzt diese Möglichkeit und verharrt keinen Moment an einer Stelle oder in einer gleichbleibenden Körperhaltung. Symbolisch zeigt Annika über den Ball ihren unsicheren Untergrund, den sie aber mit ihrer Körperbeherrschung perfekt meistert. Sie führt auf dem Ball erstaunliche Balanceakte aus und schafft es auf diese Weise, sich zu zentrieren. Auf der Grundlage dieses »bewegten Sich-Zentrierens« gelingt es Annika schließlich, sich konzentriert auf Spiele einzulassen, mit mir in Beziehung zu treten und dann auch über einen längeren Zeitraum im Gegenüber zu bleiben, um über ihre Lebens- und Alltagssituationen zu sprechen.

Ali

Ali ist ein 15-jähriger Junge, der vor eineinhalb Jahren aufgrund einer posttraumatischen Belastungsstörung zu mir in Behandlung kam. Er litt unter Ein- und Durchschlafstörungen, Albträumen mit Schweißausbrüchen, Kopfschmerzen, Konzentrationsstörungen. Darüber hinaus litt er an Ängsten, wie zum Beispiel zur Schule zu gehen oder sich alleine außerhalb der Wohnung aufzuhalten. Tagsüber saß er am liebsten bei heruntergelassen Rollos und künstlichem Licht in seinem Zimmer auf dem Bett.

Bevor ich zur Beschreibung der Behandlung komme, möchte ich einen Einblick in Alis Geschichte gewähren:

Alis Mutter wird zwangsverheiratet und lebt fortan im Familienclan ihres Ehemannes. Aus der Ehe geht Ali hervor. Sein Vater, der Tschetschene ist, kämpft als Widerstandskämpfer gegen die russische Armee. Kurz nach Alis Geburt wird der Vater von der russischen Polizei verhaftet. Als er schließlich aus der Haft freikommt, schließt er sich einer Widerstandsgruppe an. Anfangs besucht er seine Frau und seinen Sohn unregelmäßig, bleibt dann aber verschollen. Alis Mutter vermutet, dass ihr Ehemann getötet wurde. Je länger es kein Lebenszeichen vom Vater gibt, je mehr sieht sie sich Repressionen durch die Verwandtschaft ihres Ehemannes ausgesetzt. Es kommt zu Misshandlungen und Vergewaltigungen. Sie flieht mit Ali in ihr Heimatdorf, kann dort aber nicht bleiben, weil die Brüder ihres Mannes Ali in die Familie des Vaters zurückfordern, wo er diesen ersetzen soll. Die Mutter flieht mit dem damals fünfjährigen Ali in ein anderes osteuropäisches Land, wo sie auch Asyl und ein Bleiberecht erhält. Von 2004 bis 2009 lebt Ali mit seiner Mutter in diesem Land, ist ein guter Schüler und sozial integriert. Die Mutter beschreibt ihn als ein zufriedenes und glückliches Kind.

Eines Tages wird Ali auf dem Weg zum Supermarkt von einem Mann, der angeblich ein Arbeitskollege seiner Mutter ist, namentlich angesprochen. Seine Mutter habe einen Unfall gehabt habe und der Mann solle ihn ins Krankenhaus zu ihr bringen. Im Auto bietet man Ali ein Getränk an. Danach weiß er nichts mehr und wird erst in einem Haus in den Bergen Tschetscheniens wieder wach, wo die Hölle für ihn beginnt: Er wird immer wieder in einen Stall eingesperrt, regelmäßig geschlagen und misshandelt, muss zuschauen, wie Tiere geschlachtet werden und wird gezwungen, Hühnern den Kopf abzuschlagen. Ali muss Filme ansehen, in denen Menschen enthauptet werden. Dazu hört er Parolen, wie »Das sind Ungläubige, sie zu töten ist so, wie ein Huhn zu töten«.

Zwei Jahre später gelingt es der Mutter schließlich, Ali mit der Hilfe von Verwandten zurückentführen zu lassen. Sie habe ein völlig verändertes Kind zurückbekommen.

Seit 2012 leben Ali und seine Mutter, die ebenfalls unter einer Posttraumatischen Belastungsstörung leidet, in Deutschland in einer Flüchtlingsunterkunft und sind bis heute von der Abschiebung bedroht.

Als ich Ali kennenlerne, spricht er etwas Deutsch sowie fließend Russisch und eine weitere osteuropäische Sprache. Über seinen Aufenthalt in Tschetschenien kann oder will er zu diesem Zeitpunkt nicht sprechen. Während der ersten sechs Therapiestunden ist stets eine Dolmetscherin anwesend, während der ersten drei Stunden ist auch Alis Mutter dabei.

In dieser Situation führe ich mit Mutter, Dolmetscherin und Ali bereits ab der zweiten Stunde TRE-Übungen durch. Die Mutter kommt noch eine Stunde, die Dolmetscherin noch vier Stunden mit. Seitdem arbeite ich mit Ali alleine und seit 50 Stunden anfangs ausschließlich, inzwischen jede zweite oder dritte Stunde mit TRE.

Während Ali vibriert, sitze ich neben ihm und wir führen dabei ein Gespräch wie ich es mit anderen Jugendlichen sitzend führe. Bemerkenswert ist, dass Ali kein katathymes Bilderleben durchführen kann, ohne in dissoziative Zustände zu geraten: Im Probebild der Blume bildert er eine Rose, die in Stacheldraht gewickelt ist und aus deren Wunden Blut fließt. Seine Atmung wird schneller, er droht zu hyperventilieren – ich lasse das Bild abbrechen. Auch in einem späteren Versuch kommt er sofort in einen panischen Zustand und reagiert körperlich so stark, dass ich das Bildern abbrechen lasse.

Während Ali vibriert, berichtet er manchmal spontan von Erinnerungen aus seiner Gefangenschaft, die ihm meistens einfallen, wenn er seine Albträume beschreibt. Diese Erinnerungen bewegen Ali sichtlich emotional, dennoch gelingt es ihm, während des Zitterns zu erzählen, ohne zu dissoziieren. Als ich ihn jedoch einmal während der TRE-Übung auffordere, sich an den Ort zu erinnern, an dem man ihn gefangen hielt, bricht er die TRE-Übung sofort ab und setzt sich mit den Worten »daran will ich nicht denken!« auf. Hier wird sehr deutlich, dass Ali über das Zittern in die Lage versetzt wird, sich seinen traumatischen Erlebnissen in einer für ihn aushaltbaren Intensität zuzuwenden. Vor allen Dingen aber macht er die Erfahrung der Selbstwirksamkeit: Er ist im Rahmen des direkten therapeutischen Kontaktes im Prozess des Zitterns in der Lage, seine Emotionen sowie innere Bilder zu regulieren! Er erfährt auch die Wirksamkeit eines von ihm geäußerten »Stopp«! Der Boden für die Verarbeitung der traumatischen Erlebnisse wird über das Erleben und Einüben von Selbstwirksamkeit bereitet.

Recht schnell beginnt Ali, den Schulweg und den Weg zu mir alleine zu meistern. Es ist eher die Mutter, die im Dunkeln Angst um ihn hat und ihn immer abholen bzw. zur Schule bringen muss. Alis nächtliches Schwitzen hört auf. Er wird anfangs noch häufiger wach, macht dann im Bett die Schmetterlingsübung aus der TRE, mit der er wieder einschlafen kann. Seine Kopfschmerzen werden weniger und er kann sich in der Schule besser konzentrieren. Es ist erstaunlich, wie schnell Ali die deutsche Sprache erlernt und sich seine Schulleistungen verbessern. Von einer Sprachförderklasse kommt er nach sechs Monaten Therapie auf eine Hauptschule und nach acht weiteren Monaten wechselt er auf eine Gesamtschule, wo er sich zurzeit auf dem Realschulzweig befindet.

Nach diesem Einblick in meine Arbeit als Kinder- und Jugendlichenpsychotherapeut komme ich zurück zur Ausgangsfrage: *Wie hat die Ausbildung zum Bioenergetischen Analytiker meine Arbeitsweise erweitert?*

Über die Problematik der Angst des Analytikers vor Körperlichkeit ist schon viel veröffentlicht und diskutiert worden. In den letzten Jahren hat sich diesbezüglich viel verändert.

Auch meine analytische Haltung hat sich gewandelt: Immer schon habe ich in meiner therapeutischen Arbeit Körperkontakt mit Kindern erlaubt, jedoch häufig begleitet von schlechtem Gewissen. Der Vorwurf des Agierens, verankert in meiner klassischen psychoanalytischen Ausbildung, schwang immer mit. Mit der Ausbildung am NIBA habe ich diesen inneren Zensor abgelegt und mich für eine natürliche, ganzheitliche Beziehungsarbeit mit Kindern und Jugendlichen entschieden.

Die bioenergetischen Übungen stehen in keinem Widerspruch zu meiner bisherigen psychoanalytischen Spieltherapiepraxis. Im Gegenteil, sie lassen sich kreativ und spielerisch in den therapeutischen Prozess einbeziehen. Die bioenergetischen Übungen erweitern die Erlebnisvielfalt des Patienten sowie die Deutungsebenen des Therapeuten.

Auch für die Praxis der katathymen Bilder sehe ich in den Körperübungen eine bereichernde Erweiterung, da die imaginativen Körpererlebnisse in konkreten Körperempfindungen realisiert werden können (siehe z. B. Baumübung von Taro).

Erweitert hat sich auch mein Verständnis vom emotionalen Erleben, das sich im Körper zum Beispiel in Form von Vibrationen zeigen kann (siehe Fallvignette Ali). In diesem Fall wurde im Verlauf deutlich, wie der Körper Schlüssel zur Heilung werden kann. Während der Vibrationen konnte Ali seine Abwehr runterfahren, so über seine traumatischen Erlebnisse berichten und beginnen, sie zu verarbeiten.

Durch die Ausbildung zum Bioenergetischen Analytiker habe ich in meine Arbeitsweise als analytischer Kinder- und Jugendlichenpsychotherapeut auch das Körperlesen integriert: Meine Wahrnehmung für Körperhaltung und Körperausdruck ist differenzierter geworden. Im therapeutischen Kontakt ist es selbstverständlicher geworden, mit Angeboten von bioenergetischen Übungen darauf zu reagieren.

Die bioenergetische Analyse ist für mich zu einem Weg geworden, meinen jungen Patienten differenzierter zu begegnen und sie dementsprechend ganzheitlicher zu behandeln. Nicht zuletzt bedeutet es für mich in meiner Rolle als Therapeut, eine Erweiterung meiner Resonanz- und Handlungsmöglichkeiten. Ich wage zu behaupten, dass meine erweiterten Wirkungsmöglichkeiten als Therapeut die Selbstwirksamkeitserfahrungen meiner Patienten proportional wachsen lassen.

Literatur

Ventling, C. D. (2005). Körperpsychotherapie bei Kindern und Jugendlichen: Eine Standortbestimmung. *Psychoanalyse und Körper, Nr. 6, 4*(1), 45–62.

Der Autor

Ralf Quartier, analytischer Kinder- und Jugendlichenpsychotherapeut in eigener Praxis, Bioenergetischer Analytiker (CBT), TRE-Practitioner

Kontakt

Ralf Quartier
Josef Str. 5
D-49082 Osnabrück
E-Mail: ralf.quartier@googlemail.com

Fester Stand

Eine biografische Bestandsaufnahme zwischen Bioenergetik und abendländischer Tradition

Karl-Erich Pönitz

Fester Stand ist in der Bioenergetik Ziel, Folge und Ergebnis eines gelingenden, sich mit der Erde verbindenden Groundings. Fester Stand geht in der Bioenergetik nicht mit Starrheit und Unbeweglichkeit einher. Im Gegenteil! Er ist Voraussetzung von natürlicher Beweglichkeit. Die durch ihn gewonnene Stabilität ist bioenergetisch gesehen nicht statisch, sondern lebendig. Festigkeit behindert Flexibilität nicht, sondern fördert sie; die Energie gerät in Fluss. Der im Kontakt mit dem Boden befindliche Mensch vibriert. Er *steht* aufrecht. Er *geht* aufrecht. Zuverlässig geerdet und gegründet eröffnen sich ihm Chancen zur Entdeckung seiner Möglichkeiten und zu deren Umsetzung in die Realität.

Das ist für mich nicht nur Theorie, sondern Erfahrung. Erfahrung allerdings, die auch heute noch Mühe hat, in meinem alltäglichen Leben, also im praktischen Lebensvollzug sich durchzusetzen.

In meiner ersten Begegnung mit der Bioenergetik Anfang der 80er Jahre wurde ich aufgefordert, mich hinzustellen. Ich fühlte mich recht unsicher auf meinen Beinen und wusste nicht warum. Meine Therapeutin bemerkte sofort, dass ich mit durchgedrückten Knien da stand. Diese Rückmeldung verwirrte mich. Die Knie durchzudrücken hielt ich für das Normalste der Welt, wenn ich gut stehen wollte. So hatte ich es gelernt und tief verinnerlicht. So gibt es schon Kinderbilder von mir wieder, die ich heute noch besitze. Wurde ich fotografiert, stand ich unwillkürlich stramm. Nicht mehr als unbedingt nötig atmen, die Augen unbeweglich geradeaus, im Gesicht keine Mimik, die Füße eng zusammen genommen, ja, und die Knie durchgedrückt. Diese Habacht-Stellung war wohl schon früh ein Ausdruck meiner zweiten Natur.

Als ich in meiner Therapie meine Knie, meine Beine und meinen Körper insgesamt lockern lernte, bis in tiefere Zonen hinein zu lösen, war das zunächst sehr ungewohnt und verunsichernd. Aber bald ging mir auf: Fester Stand ist in erster Linie nicht Produkt meines Machens und Tuns (Laotse: »*Schwerkraft ist die Wurzel aller Anmut*«; zitiert nach Steckel, 2009, S. 34). Er hängt vielmehr entscheidend davon ab, dass ich meine Anstrengung aufgebe und mich mit meinem Körper und seinem Gewicht dem Boden anvertraue, mich der Tragfähigkeit überlasse.

Gelang es mir, diese Einsicht umzusetzen, fühlte ich mich sicherer und erlebte mich nicht mehr »auf«, sondern »in« meinen Beinen (Lowen, 1975, S. 212f.). Ich empfand Freude an den bioenergetischen Übungen, besonders am Bogen nach vorne und hinten und verspürte Kraft. Das hatte sichtbare Folgen auch auf anderen Ebenen. Ab 1985 durchfuhr mich ein lang anhaltender Kreativitätsschub. Ich fand zu neuen Aktivitäten – in meinem Beruf und darüber hinaus –, die ich mir vorher nicht zugetraut hatte, ja, von denen ich vorher nicht wusste, dass ich zu ihnen imstande war.

Trotz vielfältiger guter, neuer Erfahrungen auch in der Folgezeit fühlte und fühle ich mich manchmal zurückgeworfen auf meine Anfänge. Vor allem angesichts bisher unbekannter Herausforderungen geht mir schnell das Gefühl für Beine, Füße und Boden verloren. Auch wo ich selbst der Meinung bin, geerdet zu sein, habe ich manchmal reflexartig meine Knie angespannt, stehe und gehe nicht aufrecht und komme mir vor, als hätte ich noch nie etwas von Bioenergetik gehört. Das Erste, was ich fühle, ist nicht: Du kannst dem Boden vertrauen, sondern: Du musst Dich anstrengen und Deine Muskeln straffen, sonst fällst Du um. Die Motivation, trotzdem weiter das Vertrauen in den Boden zu »üben«, lässt nach. Zweifel beschleichen mich: Lerne ich es denn nie, zu vertrauen? Nach so vielen Jahren der Auseinandersetzung mit meinen Lebensmustern?

Diese Fragen begegnen mir auch in meiner beruflichen Tätigkeit. In meiner pastoralpsychologischen Praxis arbeite ich als Supervisor mit Angehörigen helfender Berufe. Bioenergetische Elemente sind integriert. Wenn meine *Supervisanden* nicht vor mir sitzen, sondern vor mir stehen, fällt mir auf, dass sie mit ähnlichen Zweifeln und entsprechenden Verspannungen in den Beinen zu tun haben, wie sie mir vertraut sind: zum Beispiel mit eingerasteten Knien, mit kaum zu streckenden Beinmuskeln, mit ihren Füßen auf engem Raum. Mein Eindruck ist: Menschen sind es, die – ähnlich wie ich – sich um festen Stand *bemühen,* aber sich durch ihre Bemühungen eher davon entfernen, als dass sie ihn dadurch finden. Das Erlebnis der Tragfähigkeit des Bodens hat dann auch für sie mitunter einen persönlichen Entdecker-Wert und es wird von erfreulichen Fortschritten berichtet. Auf der anderen Seite höre ich, wie diese Fortschritte in der Praxis oft von alten Gewohnheiten überlagert werden. Im Ernstfall eines öffentlichen Auftritts von Geistlichen wie zum Beispiel als Liturg und Prediger in einem Gottesdienst, springen dann doch wieder die alten Mechanismen an. Nicht wenige legen ein enormes Durchhaltevermögen bis zur Erschöpfung an den Tag sowohl privat als auch beruflich. Manche beschreiben ihren Zustand mit dem Modebegriff »burn-out« und klagen über Energieverlust.

Mich beschäftigt deshalb seit Längerem: Was macht die alten Muster so mächtig? Warum sind sie so schwer zu überwinden? Warum ist Vertrauen so schwer praktikabel und Anstrengung naheliegender? Auch und gerade, was den festen Stand angeht?

Meine Antwort: Mit festem Stand ist eine Haltung verbunden, die in der bis heute prägenden abendländischen Tradition einen hohen und hochbefrachteten Wert darstellt. Jene Tradition speist sich aus zwei Quellen: Der *griechisch-römischen Antike* und der *jüdisch-christlichen Religion*. Von beiden Quellen aus lässt sich, was mein Thema angeht, eine mächtige Wirkungsgeschichte beobachten.

Standfestigkeit als Standhaftigkeit: griechisch-römisch – preußisch-deutsch

In der Antike habe ich den Ausdruck Standfestigkeit so nicht gefunden, aber der Sache nach spielt er dort eine zentrale Rolle – schon was die Tugendlehre *Platons* angeht. Die von ihm benannten Kardinaltugenden Weisheit, Tapferkeit, Selbstbeherrschung und Gerechtigkeit (Windelband, 1957, S. 107) setzen alle stabile Distanz und damit Standfestigkeit voraus. Deutlicher wird die Notwendigkeit von Standfestigkeit in der *Stoa* – begründet von dem Philosophen *Zenon* von Kition um 300 v. Chr. (ebd., S. 141–143) –, auch wenn von ihr ebenfalls nicht explizit die Rede ist. Wobei man bei der Stoa inklusive ihrer Tradition eher von Stand*haftigkeit* als von Stand*festigkeit* reden muss. (Die Unterscheidung erläutere ich weiter unten.)

Die Stoa geht von einem geschlossenen Weltbild aus, von einem in sich sinnvoll geordneten Kosmos. Das Weltgeschehen ist absolut determiniert. Weise ist, wer akzeptiert und erfüllt, wozu ihn das Schicksal bestimmt hat. Der Weise lehnt sich nicht gegen das Unabänderliche auf, sondern fügt sich – gelassen und unerschütterlich. Er folgt der *Einsicht* (Windelband, 1957, S. 140). Das Sein geht dem Sollen voran, ein wichtiges Moment, das später verloren geht. Die ontologische Prämisse wird später von der Ethik in den Hintergrund gedrängt.

Aber *Apathia* (Affektlosigkeit) und *Ataraxi*a (Unerschütterlichkeit) zeichnen den stoischen Weisen von Anfang an aus. Ziel ist die Selbstgenügsamkeit (Autarkie) und die absolute innere Ruhe, die sich durch keine Entbehrung und durch keine noch so schlimme Katastrophe irritieren lässt. Dem Weisen eignet eine unüberwindliche Widerstandskraft. Auch der Gedanke der *Pflicht* ist hier zu Hause: Unbeirrt, das vom Schicksal Auferlegte zu tun. Nicht zuletzt für die Gemeinschaft, für den Staat.

Die Stoa ist – so beschreibt es Wikipedia – *»eine der wirkungsmächtigsten philosophischen Lehrgebäude der abendländischen Geschichte«* (Wikipedia, 2015). Für diese Wirkungsmacht spielt eine Rolle, dass die Stoa nicht nur auf die Individualethik und auf den griechisch-hellenistischen Raum beschränkt bleibt, sondern auch in der Politik und im Militär der römischen Kaiserzeit Bedeutung erlangt. Einflussreiche römische Philosophen, wie Seneca und Epiktet, machen sich ihre Gedanken zu eigen und entwickeln sie weiter. Darüber hinaus verschreibt sich einer der römischen Kaiser, *Mark Aurel*, selbst dem Stoizismus, macht ihn zum Prinzip seiner Regierungstätigkeit und verfasst seine stoisch orientierten *Selbstbetrachtungen.* »Mit dem edlen *Marcus Aurelius Antonius* bestieg die Stoa den römischen Kaiserthron (16–80)« (Windelband, 1957, S. 183). Während seiner Regierungszeit gerät das Römische Reich in eine schwere Krise. Der Kaiser muss den zahlreichen Feinden standhaft entgegentreten, die von außen sein Reich bedrohen und letztendlich besiegen.

Marc Aurels persönlich, politisch und militärisch praktizierter Stoizismus ist indirekt von großer Bedeutung für den Begriff der Standfestigkeit als Stand*haftigkeit* in der deutschen Geschichte. *Friedrich der Große*, König von Preußen (1740–86), wählt Mark Aurel zum Vorbild. Mehrfach am Rande des Untergangs in seinen Kriegen tröstet sich Friedrich mit den Schriften dieses römischen Kaisers und übt sich in dessen Unerschütterlichkeit (Kunisch, 2004, S. 101). Die Standhaftigkeit des Preußenkönigs wird legendär. »Was Friedrich der Welt und Nachwelt in diesen Jahren darbot, war das Schauspiel einer äußersten Standhaftigkeit, Zähigkeit und Unerschütterlichkeit beim Fehlen jeder Hoffnung; einer unbegrenzten Leidensfähigkeit, ja Abgestorbenheit, an der jeder Schicksalsschlag abprallte« (Haffner, 1978, S. 120). Friedrichs mühevoller Sieg im Siebenjährigen Krieg macht Standhaftigkeit in Preußen populär. Standhaftigkeit wird geradezu zum Lebenselixier des preußischen Staates. Identifiziert mit diesem Grundprinzip geht Preußen 1871 im Kaiserreich auf. Dort wächst nach den Siegen über Frankreich 1815 und 1871 ein bis ins Unrealistische gesteigertes Selbstgefühl mit dem Inhalt: Wenn wir nur standhaft genug sind, können wir es mit jeder Macht der Welt aufnehmen. Bismarck ruft 1888 im Reichstag: »Wir Deutsche fürchten Gott, aber sonst nichts in der Welt« (zitiert nach Pflanze, 1998, S. 518). Unter Kaiser Wilhelm II. nimmt die Überheblichkeit groteske und gefährliche Züge an. Der Erste Weltkrieg gegen eine Welt von Feinden wird – standhaft – leichtfertig in Kauf genommen.

In beiden Weltkriegen ist Deutschland nüchtern betrachtet von Anfang an hoffnungslos unterlegen. Trotzdem steht(!) die überwältigende Mehrheit der Bevölkerung und der Armee lange hinter der Kriegsführung und setzt auch nach gewaltigen Rückschlägen und unerhörten Verlusten auf Sieg.

Im Zweiten Weltkrieg mutiert Standhaftigkeit zur *Starrheit.* Auf Befehl Hitlers müssen seine Truppen, wenn ihnen die Einkesselung droht, an Ort und Stelle stehen bleiben (und sich dadurch vernichten lassen), anstatt elastisch auszuweichen. Generale, die für eine bewegliche Kriegführung eintreten, werden entlassen (Manstein, 1981, S. 616). Heute sind sich die Historiker einig, dass Hitler durch seine starre Führung in der zweiten Hälfte des Krieges seine Niederlage selbst beschleunigte.

Ursprünglich, in der griechischen Stoa, ist unerschütterliches Standhalten eine *Weisheit*, eine Frucht von Wahrnehmung und von Welt- und Schicksals-Erkenntnis. Nach und nach löst sich diese Weisheit von ihrem Boden, isoliert sich und wird zu einem *Mythos.*

Stehenbleiben wurde schließlich in einer schlimmen Phase unserer Geschichte zu einem seines Bodens verlustig gegangenen Prinzip erhoben – angeordnet, befohlen und blind angewendet, egal, ob es Sinn machte oder nicht.

Das katastrophale Scheitern erstarrter Verteidigung 1945 befreit Standhaftigkeit aus ihrer Fixierung an das Militärische. Ob dadurch der Mythos aufgegeben wurde, ist zu bezweifeln. Seit dem Zweiten Weltkrieg gibt es beeindruckende Aufbauleistungen. Seit Langem nimmt unser Land eine beachtliche Stellung in der Welt ein – vor allem industriell und wirtschaftlich. Etliche Krisen in den letzten Jahren hat Deutschland besser als andere Staaten überstanden (!). Heute spricht man im Zusammenhang mit dieser Leistung weniger von Standhaftigkeit als von Stehvermögen. Aber in der Sache geht es wohl um dasselbe. So imponierend die Erfolge sein mögen, begleitet werden sie durch eine Zunahme an Erschöpfung, »burn out« und Depression.

Primat der Standfestigkeit I

Angesichts der skizzierten Wirkungsgeschichte erscheint es mir nicht länger verwunderlich, dass Stehen und Sich-Hinstellen für die Betroffenen primär mit Anspannung verbunden ist, mit kontrahierten Muskeln und durchgedrückten Knien. Es gibt sicher noch zahlreiche andere Faktoren (so zum Beispiel in Mozarts *Zauberflöte* die Mahnung: »Sei standhaft, tugendhaft und treu«), die Standhaftigkeit als einen hohen Wert in der Seele von Europäern und speziell von Deutschen verankern. Aber die genannten reichen schon aus, um eine Ahnung davon zu bekommen, wie tief diese Verankerung geht und wie schwer es ist, sie zu lösen.

Die Hauptschwierigkeit scheint mir darin zu liegen, dass Stand*festigkeit* in jenem Mythos nur als Stand*haftigkeit* erlebt und verstanden wird. So nahe beieinander diese Begriffe liegen, so deutlich möchte ich sie, was ihren ursprünglichen Sinn angeht, unterschieden wissen. Standhaftigkeit hat wesenhaft mit Stand*halten* zu tun und setzt immer ein *Gegenüber* voraus, dem standzuhalten ist – sei es ein Schicksal, eine positive Herausforderung oder eine Bedrohung. Standfestigkeit hingegen – der feste Stand, wie er dem bioenergetischen Grounding entspricht – ist durchaus auch im Kontakt mit einem Gegenüber zu erleben. Aber Standfestigkeit ist primär nicht auf diesen Kontakt angewiesen. Angewiesen ist sie vielmehr auf den stabilen und gleichzeitig lebendigen Kontakt mit dem *Boden*. Ein Mensch kann, wenn er will, ganz für sich alleine fest auf seinem Boden stehen – und das genießen! Und von da aus mit der Welt kommunizieren – und ihr auch standhalten, wo es erforderlich ist. Standhalten aber ist dann das Sekundäre und nicht wie beim festen Stehen das Primäre. Wer ausschließlich von Standhalten redet, befindet sich immer gleich in der Anstrengung. Er muss sich dem Gegenüber als gewachsen erweisen.

Diese Unterscheidung verdanke ich der Bioenergetik und erlebe ich als befreiend, ja geradezu als erlösend! Dass es ein festes Stehen gibt, ohne gleich und unmittelbar wieder etwas tun zu müssen und auf etwas gefasst zu sein, ist ein wundervolles Gefühl und eine ebensolche Perspektive! So gar nicht passend zu jener mächtigen Tradition, in der auch ich aufwuchs! Jene Unterscheidung zeigt mir, dass es durchaus einen Weg gibt, der belasteten Vergangenheit zu entgehen – und zwar ohne ihre Stärken zu ignorieren. Angesichts jenes Mythos gilt es nicht zu resignieren, sondern erst richtig anzufangen. Der Standhaftigkeit haben wir die Standfestigkeit voran zu stellen, sie erst einmal für sich zu betrachten und zu erproben und möglichst lustvoll zu genießen! Was bisher über das Grounding in der Bioenergetik erarbeitet wurde, weist – wenn ich es richtig verstehe – in die Richtung dieser Entkrampfung (vgl. Clauer, 2009, S. 80 und dort die von Lowen ausgehenden Definitionen von Pechtl, Oelmann und von Clauer selbst).

Eine Gelegenheit, festen Stand dergestalt in seiner spezifischen Kraft zu erleben, ist es zum Beispiel, aufzugreifen, was Alexander Lowen über die Dynamik von Stehen und Fallen geschrieben hat (Lowen, 1975, S. 217–244). Für den standhaften deutschen Soldaten war Fallen ein Tabu. Es sei denn, man starb dabei. Bei Lowen hingegen lernen wir: Fallen zu können, bedeutet nicht immer, nie wieder aufzustehen. Im Gegenteil! Gerade wer zu Boden gegangen ist und sich dem Boden überantwortet, kann sich mit neugewonnener Energie wieder aufrichten. Die Dynamik von Stehen und Fallen verhindert Standhaftigkeit nicht, sondern bewahrt sie vor Erstarrung und Erschöpfung und lässt sie vielmehr vital und ausdauernd werden. Wer nur steht, verkrampft sich, wer – weich – auf den uns geschenkten Boden fallen kann, steht gestärkt auf.

Standfestigkeit: jüdisch-christlich

Während in der griechisch-römischen Tradition Standfestigkeit als Standhaftigkeit sich zu einer allgemeingültigen Tugend entwickelt, ist ihr im jüdisch-christlichen Bereich ein konkretes Ziel vorgegeben. Es geht um ein Durchhalten bis zum von Gott herbeigeführten Ende der Geschichte. Dementsprechend ist Standfestigkeit auch hier häufig von vorneherein als Standhaftigkeit verstanden und stellt auch für Juden und Christen einen überaus hohen Wert dar. Einen Wert, bei dem es um existenzielle Entscheidungen geht, um Sein oder Nichtsein, um Heil oder Unheil, Himmel oder Hölle.

Was den *christlichen* Glauben angeht, erlangen nur die Menschen das Heil, die im Glauben an Christus und sein Kommen durchhalten und sich als beharrlich erweisen. Jesus sagt in Matthäus 10,22: »*Wer aber bis ans Ende beharret, der wird selig.*« Dieses Bis-ans-Ende-Beharren setzt Standhaftigkeit voraus, weil der Glaube Anfeindungen ausgesetzt ist. »*Siehe ich sende euch wie Schafe unter die Wölfe*« (Matthäus 10,16). Jesus selbst erlebt heftige Ablehnung seiner Botschaft, die in seiner Verurteilung zum Tod am Kreuz gipfelt. Die an ihn Glaubenden müssen im Römischen Reich ebenfalls mit Verfolgung rechnen – immer wieder und von allen Seiten.

Bedrohlich für den Glauben der Christen sind auch die aufkommenden inneren Zweifel an der Wahrheit des Glaubens. Irritierend wird erlebt, dass sich die

Wiederkunft Christi verzögert. In Briefen an die christlichen Gemeinden wird deshalb zur Standhaftigkeit ermahnt und metaphorisch direkt und indirekt vom *Stehen* gesprochen.

»So *stehet* nun, liebe Brüder, und haltet fest an den Satzungen, in denen ihr gelehret seid, es sei durch Wort oder Brief« (2. Thessalonicher 2,15). »Wachet, *stehet* im Glauben, seid männlich und seid stark!« (1. Korinther 16,13). »Lasset uns halten am Bekenntnis der Hoffnung und nicht *wanken*« (Hebräer 10,23). »Richtet auf [...] die müden *Knie* und tut gewisse Tritte mit euren *Füßen,* dass nicht jemand strauchle wie ein Lahmer« (Hebräer 12,12). Diese und ähnliche Appelle wurden in der Bibel zu »Gottes Wort«. Als solches werden sie in den christlichen Gemeinden heilig gehalten und weitergegeben.

Ich selber gehörte in meiner Kindheit und Jugend zu einer evangelikal-fundamentalistischen Kirchengemeinde. Unser Pfarrer predigte oft und gerne über Texte aus der Johannes-Offenbarung, dem letzten Buch der Bibel. Er meinte, dass die politischen Ereignisse in den 50er Jahren des 20. Jahrhunderts (Ost-West-Gegensatz, Atomrüstung) auf das Weltende und die baldige Wiederkunft Christi hindeuteten. Im Konfirmandenunterricht ermahnte er auch uns junge Leute eindringlich, im Glauben standhaft zu bleiben, damit wir im bald hereinbrechenden Jüngsten Gericht nicht der Verdammnis anheim fielen. Ich fühlte mich persönlich gefordert – Standhaftigkeit schien einzig und allein von meinem guten Willen und meiner Anstrengung abzuhängen.

Diese fundamentalistische und fast sektiererische Engführung im kirchlichen Bereich ist eher eine Ausnahme. Die christliche Theologie hat wesenhaft eine Zukunftsperspektive und ist eine *»Theologie der Hoffnung«* (Moltmann, 1964). Sie ist »eschatologisch« ausgerichtet, glaubt an »die letzten Dinge« (eschaton) und versteht das Ende der Weltgeschichte als ein Reich Gottes, in dem »Gott abwischen (wird) alle Tränen von ihren Augen, und der Tod nicht mehr sein (wird), noch Leid noch Geschrei noch Schmerz« (Offenbarung 21,4). Diese Hoffnung aufrechtzuerhalten, ist dem Glaubenden aufgetragen. Auch wenn alles in seiner näheren oder ferneren Umgebung nach dem Gegenteil aussieht und Schmerz und Leid zu triumphieren scheinen und es nach wie vor Stimmen gibt, die diese Hoffnung als weltfremd abtun und ihre Befürworter verspotten. Solche Anfechtungen verführen den Glaubenden dann leicht dazu, sich ausschließlich auf das eigene Durchhaltevermögen zu verlassen.

In der abendländischen Tradition wirkt sich diese eschatologische, auf eine bessere Welt hin strebende Orientierung auch dort noch aus, wo ihr christlicher Inhalt aufgegeben wurde und die Säkularisierung ihren Siegeszug antrat. Karl Löwith hat schon 1952 in »Weltgeschehen und Heilsgeschichte« aufgezeigt, dass der moderne Fortschrittsglaube seit der Aufklärung letztlich nur eine diesseitige Spielart der im Jenseits begründeten jüdisch-christlichen Hoffnung ist. Die Entwürfe von Voltaire, Hegel,

Marx, Proudhon, Comte, Condorcet und Turgot spiegeln einen Optimismus hinsichtlich der Menschheitsentwicklung wider, der genauso wenig beweisbar ist wie die jüdisch-christliche Hoffnung und unter ihrem Einfluss erst möglich wurde. Vom griechisch-römischen Denken geht dieser Optimismus jedenfalls nicht aus. Dort entwickelt sich die Weltgeschichte nicht auf ein bestimmtes Ziel hin, sondern sie ist eine »ewige Wiederkunft des Gleichen« (Löwith, 1952, S. 196ff.).

Wo sich der Fortschrittsglaube in politischen Programmen konkretisiert, – wie im Marxismus – ist Standhaftigkeit bald genauso vonnöten wie im christlichen Glauben. Und das gilt auch für die Gegenwart, in der außerchristliche Religionen wie der Islam an Bedeutung gewinnen. Auch dort ist, besonders bei den radikalen Islamisten, Standhaftigkeit ein hervorstechendes Merkmal.

Primat der Standfestigkeit II

Standfestigkeit wird also auch hier immer sofort als Standhaftigkeit verstanden? Immer schon von einem Gegenüber her definiert, was zur Mobilisierung aller Kräfte an Selbstbehauptung zwingt? Nicht schwach und weich werden zu dürfen? Niemals nachzulassen?

Ich beschränke mich hier auf den christlichen Glauben. Was ihn betrifft, so täuscht dieser Eindruck, wenn auch die bisherigen Zitate das Gegenteil zu beweisen scheinen. Der feste Stand ist für die Glaubenden ursprünglich nicht ihr eigenes Werk, sondern eine Gabe von außerhalb ihrer Selbst und hat zunächst einmal gar nichts mit Anforderungen zu tun. So geht es aus dem Choral »Jesu, geh voran« hervor. Dort dichtet Nikolaus Graf von Zinzendorf (1700–1760): »Solls uns hart ergehn, lass uns feste stehn«. Der feste Stand ist hier Teil eines Gebetes, ist Gegenstand einer Bitte.

Damit wird vorausgesetzt, dass der feste Stand nicht in erster Linie von der Leistungsfähigkeit des glaubenden Subjektes, sondern von einer Instanz abhängig ist, die seiner Verfügung entzogen und doch als Gott und Vater in seinem Sohn Jesus Christus ansprechbar ist. Das Bewusstsein dieses Angewiesen- und Verwiesen-Seins auf einen liebevollen Gott ist konstitutiv für die christliche Botschaft, auch wenn in der Kirchengeschichte immer wieder Appelle und Imperative die Oberhand gewinnen und den vorausgehenden Zuspruch vergessen lassen.

Mir diese Zusammenhänge ins Gedächtnis zu rufen, lässt mich Standfestigkeit erneut erlösend erleben. Vielleicht werden mir da manche Leser nicht folgen können. Viele haben den Glauben an den liebevollen Gott des Neuen Testaments verloren oder gar nicht erst kennengelernt. Auf der anderen Seite gehört Spiritualität zum Grounding dazu (Clauer, 2009, S. 80) und die ursprüngliche christliche Spiritualität ist an der Verwurzelung menschlicher Existenz primär interessiert, genau im Sinne der Unterscheidung zwischen Standfestigkeit und Standhaftigkeit. Zu Beginn des christlichen

Glaubens werden keine Appelle an Menschen gerichtet. Es wird ihnen vielmehr etwas *geschenkt*: Der feste Boden unter den Füßen. Dieser feste Boden macht den Appell, standhaft zu bleiben, allererst sinnvoll. Der feste Boden lässt sich verkürzt auf zwei Grundaussagen reduzieren:

1. Du brauchst keine Angst vor Sünde und Schuld haben. Gott vergibt.
2. Du brauchst keine Angst vor dem Tod und seinen Vorboten haben. Der Tod ist überwunden. Das Leben wird siegen.

Diese Aussagen sind die unaufhebbare und für festen Stand einzig relevante Quintessenz des Neuen Testaments. Sie verbinden sich mit dem Namen Jesus Christus. Mit dem, was er lebte und lehrte, litt und überwand, mit Kreuz und Auferstehung. In der Begegnung mit ihm wurden die ersten Zeugen gewiss: Gott liebt seine Menschen. Deshalb erlöst er sie in Christus von aller nur denkbaren Bedrängnis. Was auch noch kommen mag, in Wahrheit kann ihnen nichts mehr passieren. Sie werden in einem höheren Sinne bewahrt. Deshalb schreibt der Apostel Paulus an die Korinther (1. Kor. 15,55 u. 57): »Der Tod ist verschlungen in den Sieg. Tod, wo ist dein Stachel? Hölle, wo ist dein Sieg? […] Dank sei Gott, der uns den Sieg gegeben hat durch unseren Herrn Jesus Christus.« Das ist für Christen der Grund, der unbeweglich steht und die Zusage, auf die sie sich verlassen können, der Boden, der trägt.

Der Glaube daran bezieht sich also nicht auf die *Zukunft*, sondern auch auf die *Vergangenheit*, nämlich auf alles, was mit Jesus Christus in Kraft gesetzt worden ist. An Jesus Christus glauben, heißt dementsprechend, an den Sieg des Lebens und der Liebe zu glauben – entgegen allem Augenschein. Für die so Glaubenden ist Christus zum Garanten des Lebens geworden. Diesen Glauben bezeugen sie in der *Gegenwart* standhaft durch *Glaube, Liebe und Hoffnung* (1. Korinther 13.13).

Wer von diesem Glauben erfüllt ist, so die Intention der christlichen Botschaft, muss sich sowohl Standfestigkeit als auch Standhaftigkeit nicht krampfhaft antrainieren. Sie entwickelt sich organisch und erwächst aus der Gewissheit, dass ihn nichts von Gottes Liebe scheiden kann (Römerbrief 8,38f.). Er steht fest gegründet wie es beispielhaft von *Martin Luther* (1483–1546) überliefert wird – 1521 auf dem Reichstag zu Worms. In seiner Theologie hatte sich Luther zu Christus allein bekannt, als Grund von ewig gültiger Gerechtigkeit und Akzeptanz, ganz im Sinne des Apostels Paulus und der von ihm hier zitierten Verse aus seinen Briefen. Luthers Schriften aus dem Vorjahr 1520 sind schwungvoll (»Von den guten Werken«, »Von der Freiheit eines Christenmenschen«, »An den christlichen Adel deutscher Nation«, »Von der babylonischen Gefangenschaft der Kirche«). Sie sprühen über von Freude und Freiheit. Geborgen weiß er sich in Gott mit seinem ganzen Leben, geborgen und geliebt. Das machte ihn letztendlich sicher und frei. Vom Kaiser zum Widerruf seiner Schriften genötigt, soll er gesagt haben: »Hier stehe ich, ich kann nicht anders, Gott helfe mir, Amen.«

Was mich selbst betrifft, so hat mir Luther trotz seiner Verhärtungen im Alter früh schon viel bedeutet. Aber blicke ich zurück, war meine eigene Standhaftigkeit als Christ nicht wie bei ihm durch Freude, Freiheit und Geborgenheit motiviert, sondern durch Angst und Selbstzweifel, sonst verloren zu gehen. Die mich prägende christliche Sozialisation war mit viel dumpfem Druck verbunden und mit dem Gefühl, für alles selbst verantwortlich zu sein. Dass ich ein Mensch bin, der keine Angst haben muss, vor welchem Jüngsten Gericht auch immer, der so wie er ist, von Gott geliebt ist und der sich selbst lieben und annehmen darf wie er geschaffen wurde, das habe ich in der Tiefe meines Wesens durch hilfreiche Supervision und Psychotherapie erfahren und zuletzt durch die Bioenergetische Analyse. Menschen aus diesem Umfeld, die selbst zum Teil keiner christlichen Gemeinschaft angehören, haben mir mehr von Gottes Liebe vermittelt als viele Reden auf Kanzeln und Kathedern darüber, in denen ich nichts davon spürte.

Dennoch verdankt sich mein Selbstbewusstsein nicht nur einem therapeutisch, sondern auch seelsorgerlich-spirituell angelegten Boden. Wobei mir die christliche Botschaft, von ihren Schlacken gereinigt und auf ihre Kernaussagen konzentriert, wie oben ausgeführt, die nötigen Bausteine liefert. Angesichts von so manchem, was ich nicht bewältigt, bearbeitet, überwunden und abgelegt habe. Angesichts von jenen alten Mustern, die Macht über mich gewinnen, ohne dass es mir selbst auffällt. Angesichts von Fehlern, die ich nicht mehr rückgängig machen, ja mitunter nicht mehr gut machen kann. Angesichts von Menschen, denen ich ganz viel verdanke, die aber auch nicht fehlerfrei sind und ebenfalls ihren Einsichten nicht immer folgen. Angesichts von Abgründen bei mir und anderen, die mich schwindelig machen und mein Grounding sonst unterminieren würden. Angesichts von so vielem, was nicht mehr oder nie therapierbar ist und die Welt oft als ein Rätsel erscheinen lässt. Für festen Stand hilft mir hier nur ein Boden, der in seiner Substanz unzerstörbar ist, unvergänglich, ewig. Klar und entschieden weist der Apostel Paulus auf einen solchen Boden hin: »Einen anderen Grund kann niemand legen außer dem, der gelegt ist, welcher ist Jesus Christus« (1. Korinther 4, 11). Obwohl das in unser säkulares Zeitalter nicht hinein passt, gewinnt dieser Grund für mich mit zunehmendem Alter an Bedeutung. Er lässt mir die Rede vom festen Stand auch übergeordnet als sinnvoll erscheinen.

Fazit: Standfestigkeit ist ein hoher Wert und soll es bleiben, ein Wert, der auch in unseren Tagen unverzichtbar ist und doch auch seine Tücken hat. Indem ich mir die Wirkungsgeschichte von Standfestigkeit und ihre Entwicklung hin zur Standhaftigkeit vor Augen führe, wächst mein Mitgefühl für Menschen mit einem verkrampften Stehen – bei anderen und bei mir selbst. Ich verstehe die Erstarrung und kann sie einordnen. Hoffnung blüht auf, das Erstarrte zu überwinden. Ursprünglich gibt nicht nur die Bioenergetik, sondern auch die Philosophie und die Theologie dem Boden Vorrang vor der Anstrengung. Wo das außer Acht gelassen wird, verliert das feste Stehen seine

Lebendigkeit, Beweglichkeit und schließlich seine Menschlichkeit. Wo man sich aber dessen bewusst bleibt, entfaltet es seine liebevolle Kraft. Der Boden unter unseren Füßen im bioenergetischen Grounding gewinnt durch philosophische und theologische Reflexionen an Breite, Höhe und Tiefe. Und die Bioenergetik ist geeignet, einseitiger Rationalisierung und erneuter Erstarrung entgegenzuwirken.

Literatur

Bollnow, O. F. (1980). Drei Tugenden: Duldsamkeit, Verschwiegenheit, Standhaftigkeit – Aus philosophischer Ethik. *Universitas* 35(10), 1055–1066.

Clark, C.(2013). *Die Schlafwandler*. München: Deutsche Verlagsanstalt.

Clauer, J. (2009). Zum Grounding-Konzept der Bioenergetischen Analyse: Neurologische und entwicklungspsychologische Grundlagen. *Psychoanalyse & Körper*, 15(2), 79–102.

Dietrich, R. & Prechtl, W. (o. J.). *Energie durch Übungen*. Elixhausen: Eigenverlag.

Erlemann, K. (2014). *Vision oder Illusion?: Zukunftshoffnungen im Neuen Testament*. Neukirchen-Vluyn: Neukirchener Verlag.

Haffner, S. (1978). *Preußen ohne Legende*. Hamburg: Gruner& Jahr.

Heinrich-Clauer, V. (Hrsg.). (2008). *Handbuch Bioenergetische Analyse*. Gießen: Psychosozial-Verlag.

Kunisch, J. (2004). *Friedrich der Große: Der König und seine Zeit*. München: C. H.Beck.

Liebau, I. (Hrsg.). (2014). *Forum Bioenergetische Analyse 2014*. Gießen: Psychosozialverlag.

Löwith, K. (1952). *Weltgeschichte und Heilsgeschehen. Die theologischen Voraussetzungen der Geschichtsphilosophie* (4. Aufl.). Stuttgart: Kohlhammer-Verlag.

Lowen, A. (1980). *Angst vor dem Leben*. München: Kösel-Verlag.

Lowen, A. (2002). *Bioenergetik. Therapie der Seele durch Arbeit mit dem Körper* (23. Aufl.). Reinbek: Rowohlt-Verlag.

Lowen, A. (1993). *Freude. Die Hingabe an den Körper und an das Leben*. München: Kösel-Verlag.

Lowen, A. (1967). *Bioenergetik als Körpertherapie. Der Verrat am Körper und wie er wiedergutzumachen ist*. Reinbeck: Rowohlt-Verlag.

Lowen, A. & Lowen, L. (1980). *Bioenergetik für jeden. Das vollständige Übungshandbuch*. München: Peter Kirchheim Verlag.

Luther, M. (1520). *Schriften des Jahres 1520. Luthers Werke 2*. München: Christian Kaiser Verlag.

Manstein von, E. (1993). *Verlorene Siege* (13. & 14. Aufl.). Bonn: Bernard & Graefe Verlag.

Moltmann, J. (1964). *Theologie der Hoffnung*. München: Christian Kaiser-Verlag.

Münkler, H. (2013). *Der Große Krieg: Die Welt 1914–1918*. Berlin: Rowohlt Verlag.

Pflanze, O. (1998). *Bismarck: Der Reichskanzler*. München: C. H.Beck Verlag.

Reiners, L. (1954). *In Europa gehen die Lichter aus. Der Untergang des wilhelminischen Reiches*. München: C. H.Beck Verlag.

Steckel, H. (2006). Dynamisches Grounding: Containment und Selbstausdruck. *Forum Bioenergetische Analyse 2006*(1).

Steinworth, M. (1999). *Im Körper zu Hause. Eine bioenergetische Entdeckungsreise*. Göttingen: Vandenhoeck & Ruprecht.

Weischedel, W. (2010). *Die philosophische Hintertreppe. Die großen Philosophen in Alltag und Denken* (19. Aufl.). München: Deutscher Taschenbuch Verlag.

Wikipedia (2015). Stoa [Artikel].

Windelband, W. & Heimsoeth, H. (1957). *Lehrbuch der Geschichte der Philosophie*. Tübingen: J. C. B. Mohr (Paul Siebeck).

Der Autor

Karl-Erich Pönitz, Pfarrer und Lehrsupervisor (DGfP) i. R. Bioenergetischer Analytiker (CBT). Ehemals Gemeinde- und Krankenhausseelsorger. Ausbilder in körperorientierter Seelsorge. Rezitation klassischer Dichtung. Vorträge über deutsche Geschichte. Sein Anliegen: Integration von Bioenergetik in Theologie und Philosophie, Literatur und Geschichte.

Kontakt

Karl-Erich Pönitz
Paracelsusstraße 6
D-42549 Velbert
E-Mail: k.poenitz@icloud.com

Heilsames Zittern

»Tension, Stress and Trauma Releasing Exercises« und San-Heiltänze im Vergleich

Kathrin Gradt & Erwin Schweitzer

> »I experienced my physical body's natural intelligence [...] [M]y body has the ability to tremor me into a more natural state of homeostasis. [...] [I]t's a bit like finally getting the realization that there is an older wiser part of me that I have somehow unconsciously been marginalizing« (Stacey Prillaman, TRE-Praktizierende, zit. nach Steward, o.J.).

> »When you touch someone with this shaking, the power of spirit flows into them. This is the secret of healing. It is the shaking that heals« (Motaope Saboabue, San-HeilerIn, zit. nach Keeney, 2007, S. 59).

Diese beiden Zitate, von Menschen aus zwei unterschiedlichen kulturellen Kontexten, verweisen auf den Zusammenhang zwischen Zittern[1] und Heilung. Diese Verbindung ist auch in der Bioenergetik bekannt (Lowen, 2000). Der bioenergetische Analytiker David Berceli stellt das Zittern sogar ins Zentrum seiner Methode der »Tension, Stress and Trauma Releasing Exercises« (TRE). Bei TRE handelt es sich um eine Körperübungsserie, die ein neurogenes Zittern aktiviert, welches Stress und Trauma abbauen soll. Heilsame Zitterpraktiken existieren jedoch nicht nur im Kontext euro-amerikanischer Körperpsychotherapie und Körperarbeit, sondern erweisen sich auch als bedeutsamer Bestandteil des Heilsystems der San, einer indigenen Gruppe des südlichen Afrikas. Für die San ist Zittern ein wichtiges Element der gemeinschaftlichen Heiltänze und Ausdruck einer alles durchdringen Lebenskraft.

In diesem Artikel möchten wir durch einen interkulturellen Vergleich Gemeinsamkeiten und Unterschiede von TRE und San-Heiltänzen herausarbeiten. Als EthnologInnen und TRE-Provider verfolgen wir damit zwei Ziele: Erstens wollen wir damit

1 Unter »Zittern« verstehen wir Bewegungen, die neben einem Tremor im engeren Sinn auch Schütteln, Vibrieren, Zucken und Wippen umfassen.

einen Beitrag zur interkulturellen Erforschung von heilsamen Zitterpraktiken leisten.[2] Zweitens ist es uns ein Anliegen, durch die Auseinandersetzung mit dem Tremor in San-Heiltänzen die Perspektive auf TRE zu erweitern.

Primäre Grundlage unseres Vergleichs ist die Literatur über San-Heiltänze und TRE. Ergänzend basieren unsere Daten im Fall von TRE auf teilnehmender Beobachtung in einer Reihe von Seminaren, die vom NIBA angeboten und teilweise von David Berceli selbst geleitet wurden. An diesen Seminaren haben wir im Rahmen unserer TRE-Ausbildung teilgenommen.

Im Folgenden widmen wir uns zunächst den kulturellen und historischen Kontexten sowie den Anwendungsbereichen der beiden Zitterpraktiken. Dieser Rahmen ist notwendig, um ein Verständnis für die spezifischen kulturellen Erklärungsmodelle von Krankheit und Heilung zu entwickeln, welche TRE und den San-Heiltänzen zugrunde liegen. Auf der Basis dieser Erklärungsmodelle vergleichen wir dann abschließend die konkrete Praxis des Zitterns.

Kontext und Anwendungsbereich

TRE wurde vom US-Amerikaner David Berceli, einem klinischen Sozialarbeiter, Körperpsychotherapeuten und Massagetherapeuten, entwickelt. Ausgangspunkt für die Entwicklung stellen seine über 15-jährigen Erfahrungen in Konfliktgebieten Afrikas und des Nahen Ostens dar (Berceli Foundation, o.J.). Dort konnte er beobachten, wie Menschen auf höchst belastende Ereignisse reagieren (Berceli et al., 2012). Es fiel ihm auf, dass Menschen in akuten angstauslösenden Situationen universell ihre Körper verkrampften. Durch Zittern konnten sie sich nach der Gefahrensituation wieder entspannen. Das Problem war jedoch, dass aufgrund der kulturellen Assoziation von Zittern mit Schwäche und Furcht der Tremor häufig unterdrückt wird (ebd., S. 54). Infolge verband David Berceli diese Beobachtungen mit neueren neurophysiologischen Traumatheorien (s. u.) und entwickelte eine Übungsserie, die den natürlichen Tremor zur Spannungslösung aktiviert. Bei der Zusammenstellung der Serie ließ sich Berceli von Übungen aus der Bioenergetik, dem Yoga, Tai Chi und asiatischen Kampfkünsten inspirieren (Berceli, 2013, S. 36).

Anfangs verbreitete Berceli (2010, S. 153) TRE als Selbsthilfewerkzeug für größere Bevölkerungsgruppen in stark traumatisierenden Kontexten. Zum Beispiel wurde TRE Menschen infolge des Erdbebens im chinesischen Sichuan 2008, der rechtsextremistischen Terroranschläge in Norwegen 2011 und des Tsunami und Reaktorunfalls in Japan

2 Hier hat Bradford Keeney mit seinem Buch *Shaking Medicine* (2007) Pionierarbeit geleistet. Des Weiteren hat Erwin Schweitzer (2015) bereits in einem Artikel über San-Heiltänze und andere kulturellen Praktiken des heilsamen Zitterns geschrieben.

2011 vermittelt (Steckel, 2013, S. 9). Mittlerweile hat sich herausgestellt, dass sich das Verfahren zur allgemeinen Bewältigung von Anspannung und Stress eignet (TRE® for ALL o. J.). Menschen, die TRE ausüben, berichten von weniger Angst und mehr Energie, der Verbesserung ihrer Partnerbeziehungen sowie der Reduktion von Symptomen der posttraumatischen Belastungsstörung (PTBS), Muskelschmerzen und Beziehungskonflikten (ebd.). Damit umfasst das Problemspektrum, das mit TRE bearbeitet wird, körperliche, psychische und soziale Dimensionen. TRE wird inzwischen beim Militär, bei der Feuerwehr und der Polizei (Steckel 2013, S. 9) sowie in der Beratung, der Physiotherapie, der Psychotherapie, dem Gesundheitswesen, im Sport und in Schulen eingesetzt (Barbara Oles, persönliche Kommunikation, 7.10.2014). Die Anzahl der Menschen, die weltweit in TRE eingeführt wurden, ist mittlerweile beträchtlich. Bis zum Jahr 2010 hatten 40.000 Menschen in über 17 Ländern TRE kennengelernt (Berceli, 2010, S. 153).

Der historische und kulturelle Kontext, in dem die San ihre Heiltänze praktizieren, unterscheidet sich deutlich von TRE. Unsere Darstellungen fokussieren auf die San-Gruppe der Ju/'hoansi. Ca. 35.000 Personen gehören zu dieser ethnischen Gruppe, die hauptsächlich im Grenzgebiet zwischen Namibia und Botswana lebt. Die Ju/'hoansi haben elaborierte heilsame Zitterpraktiken im Rahmen ihrer Heiltänze entwickelt. Diese Tänze sind wahrscheinlich sehr alt. So lassen mehrere Jahrtausende alte Felsbilder Ähnlichkeiten mit den heutigen Heiltänzen erkennen (Katz et al., 1997, S. 52). Keeney behauptet sogar, dass es sich dabei vielleicht um die »ältesten Heilpraktiken der Welt« (2007, S. 43, unsere Übersetzung) handelt.

Anders als im Film *Die Götter müssen verrückt sein* und in den meisten populären Medien dargestellt, leben die San nicht als »primitive Steinzeitmenschen«. Als ehemalige JägerInnen-SammlerInnen-Gruppe bekleiden sich San zwar manchmal noch für TouristInnen mit Lendenschurz und gehen mit Pfeil und Bogen auf die Jagd. Die meisten San leben heute jedoch von Lohnarbeit, Ackerbau und Viehzucht (IWGIA, 2015, S. 432, 446). Durch das historische Vermächtnis des Kolonialismus und aufgrund aktueller Diskriminierungen durch staatliche Gesetze, leben viele San in peripheren, verarmten und landlosen Gemeinschaften (Katz et al., 1997, S. XIV).

Trotz einschneidender soziokultureller Veränderungen, welche durch staatliche Maßnahmen eingeleitet wurden, kommen San-Gemeinschaften nach wie vor zu regelmäßigen Heiltänzen zusammen (Keeney, 2007, S. 63). Jedes Gemeinschaftsmitglied, egal ob Mann oder Frau, alt oder jung, krank oder gesund, nimmt an diesem Ritual teil. Durch Singen, Tanzen und Zittern versuchen die San einzelne Individuen und die gesamte Gruppe von Krankheiten zu heilen bzw. deren Wohlbefinden zu erhalten (Katz et al., 1997, S. XVI, 21; Keeney, 2007, S. 63). Dabei spielt es keine Rolle, ob es sich um physische, psychische, soziale oder spirituelle Krankheiten handelt (Katz, 1982, S. 54). In den Heiltänzen nimmt man sich körperlicher Beschwerden ebenso wie Konflikte in der Gemeinschaft an (Katz et al, 1997, S. 18).

TRE und San-Heiltänze sind in sehr unterschiedlichen Kontexten entstanden. TRE ist eine euro-amerikanische Methode, die in einem interkulturellen Zusammenhang relativ rezent entstanden ist. Die Übungen werden global, vor allem, wenn auch nicht ausschließlich, zur Stress- und Traumabewältigung eingesetzt. Im Kontrast dazu werden San-Heiltänze primär im lokalen Setting von San-Gemeinschaften praktiziert und sind wahrscheinlich mehrere Jahrtausende alt. Nicht eine spezielle Indikation steht im Zentrum der Heiltänze. Sie dienen der holistischen Heilung von Individuen und der Gemeinschaft. Die rezente Erweiterung des Anwendungsspektrums von TRE hat dazu geführt, dass diese Methode zunehmend ganzheitlicher eingesetzt wird. So stellt die Heilung von Konflikten beispielsweise einen Anwendungsbereich dar, den sich TRE und San-Heiltänze teilen.

Erklärungsmodelle von Krankheit und Heilung

Ein zentraler Aspekt zum Verständnis des heilsamen Zitterns ist die zugrunde liegende Theorie von Krankheit und Heilung. Im Fall der San kann nicht über Krankheit und Heilung gesprochen werden, ohne auf die kosmologischen Vorstellungen der Gruppe einzugehen. Das Potenzial durch Zittern zu heilen, ist direkt mit dem Entstehungsmythos der Ju/'hoansi und der ursprünglichen Kraft *(n!o'an-ka/'ae)* verbunden. Aus dieser Kraft entstanden alle Dinge und sie kann alles in Gut oder Böse verwandeln (B. Keeney & H. Keeney, 2013, S. 70; Keeney, 2007, S. 242). Auch *n/om*, die Lebenskraft, die die San in ihren Heiltänzen aktivieren und die laut ihren Vorstellungen das gesamte lebendige Universum durchdringt, geht aus dieser sich wandelnden Kraft der Schöpfung hervor (Keeney, 2007, S. 51).[3]

Wie Keeney (ebd., S. 242f.) beschreibt, unterscheiden die San eine erste und eine zweite Schöpfung. In der ersten Schöpfung gab es keine stabilen Formen oder Lebewesen. Alles befand sich im Wandel. Die ursprünglichen Ahnen konnten sich in verschiedene Tiere verwandeln, darunter auch antilopenköpfige Menschen. Sie wurden die ersten *n/om-kxaosi*, die ersten Heiler. Niemand dieser verschiedenen tierköpfigen Menschen wurde jemals krank oder starb. Der Himmel gestaltete sich als Spinnennetz. Er bestand aus Strängen, durch die alle Kreaturen miteinander verbunden waren. Die zweite Schöpfung begann, als die Menschen das erste Mal das Licht der Sonne sahen. Sie markiert den Moment, als alles einen fixen Namen bekam und Menschen und Tiere dadurch voneinander getrennt wurden. Mit der Benennung und der Stabilisierung der Formen begannen Krankheit und Tod (ebd.).

Doch der Eintritt in die zweite Schöpfung bedeutete nicht das Ende der ersten Schöpfung. In ihren Heiltänzen können die San die Grenzen zwischen erster und

3 In anderen Kulturen wird diese Energie beispielsweise als universelle Lebensenergie, Chi, Kundalini oder Heiliger Geist beschrieben (Keeney, 2007, S. 51).

zweiter Schöpfung transzendieren (B. Keeney & H. Keeney, 2013, S. 67) und die Verbindung aller Lebewesen miteinander wieder wahrnehmen (Keeney, 2007, S. 247). Durch das Aktivieren von *n/om*, das sich im Zittern der HeilerInnen ausdrückt, können diese wieder in die erste Schöpfung eintauchen und sich mit der ursprünglichen Kraft verbinden. Das Zittern ist Ausdruck des Eintritts in die erste Schöpfung und Heilung wird nur durch diesen Schritt möglich (B. Keeney & H. Keeney, 2013, S. 70). Aus Sicht der San muss sich alles wandeln, um lebendig und gesund zu bleiben (Keeney, 2007, S. 253).

Was ist nun aber die Ursache von einer Krankheit für die San? Eine Krankheit entsteht durch schlechte Gefühle. Dazu zählen Zorn, Eifersucht und Selbstsucht (ebd., S. 246). Diese Gefühle können von lebenden und verstorbenen Verwandten auf andere Personen geworfen werden, wodurch die Nadeln oder Pfeile von *n/om*, die jede Person in sich trägt, verunreinigt werden (ebd., S. 46, 246). Aufgabe der HeilerInnen, die SpezialistInnen im Umgang mit *n/om* sind, ist es, in den Heiltänzen sowohl ihre eigenen Nadeln als auch die der anderen Anwesenden zu reinigen und so Gesundheit und Wohlbefinden der Gruppe wiederherzustellen (ebd., S. 247). »We clean the dirty needles (and bad feelings) by the boiling power of love«, erklären San-HeilerInnen (ebd.). Somit ist für sie das Gefühl von Liebe eine zentrale Grundlage für die Heilung.

Im Kontrast zum breiten Verständnis von Krankheit der San steht Trauma im Zentrum von TRE. Im Folgenden werden wir uns traumatheoretischen und evolutionsbiologischen Perspektiven widmen, so wie sie von David Berceli rezipiert und im Erklärungsansatz von TRE zusammengeführt wurden.

Wenn ein Mensch unter extremem Stress steht, wird im Körper die Hypothalamus-Hypophysen-Nebennierenrinden-Achse (HPA-Achse) aktiviert (Berceli, 2010, S. 150). Dabei werden die Hormone Corticoliberin, Adrenalin und Noradrenalin ausgeschüttet, wodurch das sympathische Nervensystem angeregt wird und die körperlichen Abwehrreaktionen von Kampf, Flucht oder Erstarrung ausgelöst werden (ebd.). Der Mensch teilt diese instinkthaften Reaktionen mit allen Säugetieren, die in Gefahr auf die gleiche Weise reagieren. Laut LeDoux ist die HPA-Achse des Menschen ein »evolutionäres Relikt« (LeDoux, 1996, S. 163, zit. nach Berceli, 2010, S. 150). Eine wichtige Komponente der Flucht-Kampf-Abwehrreaktion ist die Kontraktion der Psoas-Muskeln, die als einzige Muskeln im menschlichen Körper Rumpf, Becken und Beine miteinander verbinden. Diese Muskeln sind dafür verantwortlich, dass sich der Mensch in Gefahrensituationen instinkthaft in die fötale Position zusammenkauert, um lebenswichtige Teile des Körpers zu schützen (Koch, 1981, S. 38, zit. nach Berceli, 2010, S. 149f.).

Wie kommt es nun aber dazu, dass Menschen auch noch lange Zeit nach den überwältigenden Ereignissen unter starken körperlichen und psychischen Symptomen leiden? Und wie erklärt TRE die Heilung von diesen Symptomen? Dazu ist es wichtig zu wissen, was im Körper von Säugetieren passiert, wenn sie aus einer Gefahrensituation entkommen. Sobald sich vor allem Säugetiere mit dem Totstellreflex wieder in Sicherheit wiegen, beginnen sie zu zittern (Barbara Oles, persönliche Kommunikation, 15.11.2014). Dabei handelt es sich, wie David Berceli erklärt, um »einen angeborenen Mechanismus neurogenen Zitterns, der die hohe biochemische und neuromuskuläre Ladung aus dem Körper abführt und damit spontane Erholung fördert« (2010, S. 151). Levine (2002) folgend, erläutert Berceli (2010, S. 152), dass der Zitter-Mechanismus bei den Tieren sozusagen dazu führt, dass sie nach einer lebensbedrohlichen Erfahrung wieder zu normalem Leben zurückkehren können, ohne PTBS-Symptome zu entwickeln. Bercelis Überlegungen nach ist es möglich, »dass dieses Zittern ebenso ein natürlicher Mechanismus des *menschlichen* Tieres ist, mit Trauma verbundenen Stress abzubauen, indem die HPA-Achse deaktiviert wird« (ebd., Hervorhebung im Original).

Da Menschen aufgrund kultureller Zwänge diesen angeborenen Zitterreflex oft unterdrücken, können sich verschiedenste Symptome einstellen, die unter dem Krankheitsbild PTBS zusammengefasst werden. Durch das mittels TRE induzierte und von den Psoas-Muskeln ausgehende Zittern ist es möglich, die unterbrochene Kampf-Flucht-Reaktion wieder zu vervollständigen, eine Homöostase der HPA-Achse wiederherzustellen und damit posttraumatische Reaktionen zu verringern (Berceli, 2010, S. 152). Denn durch das Zittern nimmt die Ausschüttung der Stresshormone und damit verbunden auch die Anspannung im Körper ab, die Symptome verschwinden – Heilung tritt ein.

Obwohl die beiden Erklärungsmodelle von Krankheit und Heilung sehr unterschiedlich sind, lassen sich doch interessante Parallelen erkennen. So spielen bei beiden Modellen Emotionen sowohl bei der Entstehung von Krankheit als auch für Heilung eine wichtige Rolle. Im Modell der San ist die Auswirkung von Emotionen auf Krankheit und Heilung direkter: Es sind schlechte Gefühle, die krank machen, wohingegen mit Liebe geheilt wird. Bei TRE kommt es durch die in gefährlichen Situationen empfundene Angst zur Ausschüttung von Stresshormonen, was muskuläre Anspannung erzeugt, die bei einer Unterdrückung des Zitter-Mechanismus zu Krankheitssymptomen führt. Sobald sich durch Zittern die in der Muskulatur als Verspannung manifestierte Angst löst, kann sich Wohlbefinden wieder einstellen.

Darüber hinaus ist beiden Ansätzen eine enge Verbindung von menschlichem und tierischem Wesen eingeschrieben. Im Fall der San funktioniert Heilung durch den Eintritt in die erste Schöpfung, wo es keine Unterscheidung zwischen Mensch und Tier und damit weder Krankheit noch Tod gib. Bei TRE beginnt Heilung mit der Aktivierung des Zittermechanismus, den das »menschliche Tier« (Berceli, 2010, S. 152) mit anderen Säugetieren teilt.

Des Weiteren basieren beide Modelle auf einer Prämisse des Wandels bzw. auf einer zyklischen, prozesshaften Sicht des Lebens. Für die Ju/'hoansi muss prinzipiell alles im

Wandel bleiben, damit es lebendig und gesund ist (Keeney, 2007, S. 253). Bei TRE wird eine krankmachende biophysiologische Wiederholungsschleife aus Angst, Stresshormonen und muskulärer Anspannung unterbunden und ein Prozess eingeleitet, der zu Wohlbefinden und Entspannung führt.

Praxis des Zitterns

Wie gestaltet sich nun die konkrete Praxis des Zitterns aufbauend auf den geschilderten Erklärungsmodellen? TRE findet üblicherweise in Räumen statt und wird entweder alleine oder in Einzel- bzw. Gruppensitzungen mit einem TRE-Provider ausgeübt. Die Sitzungen mit einem

TRE -Provider dauern meistens ca. 60 bis 75 Minuten. Davon macht das Zittern bei AnfängerInnen ca. 15 Minuten aus, bei Fortgeschrittenen ist die Dauer des Zitterns von den Bedürfnissen der TeilnehmerIn abhängig. Workshops mit erweitertem theoretischen Input und mehreren Zitterdurchgängen können auch ein ganzes Wochenende andauern, wobei die Gruppengröße je nach Workshopkontext beträchtlich variieren kann.

Wenn Personen das erste Mal TRE üben, gibt der TRE-Provider für gewöhnlich eine kurze theoretische Einführung über die Wirkungsweise der Übungen und das dahinterliegende Erklärungsmodell. Darauf folgend zeigt der TRE-Provider die Übungen vor, beobachtet die Ausführung und gibt ggf. Korrekturvorschläge. TRE beginnt im Stehen mit Übungen, die dazu dienen, die Muskulatur und das Bindegewebe zu dehnen und zu ermüden. Dadurch wird der Körper auf das Zittern vorbereitet. Darauf folgen Übungen an der Wand lehnend und abschließend am Boden liegend. Bei diesen Übungen beginnt tendenziell das Zittern. Sobald die TeilnehmerInnen zu zittern beginnen, begleitet der TRE-Provider den Prozess, in dem er durch Fragen die Aufmerksamkeit auf die Körperwahrnehmung der TeilnehmerInnen lenkt. Der TRE-Provider selbst zittert während der Übungen nicht.

Bei TeilnehmerInnen, die das erste Mal mit TRE zittern, wird der Prozess normalerweise den autonomen Reaktionen des Körpers überlassen, soweit sie für die TeilnehmerInnen angenehm sind. Bei fortgeschrittenen Übenden können TRE-Provider Interventionen einsetzen, falls das Zittern in Körperbereichen »steckt« oder das Muster des Zitterns beständig gleich bleibt. Hier werden Hands-off- und Hands-on-Techniken unterschieden. Erstere umfassen zum Beispiel den Einsatz von Kissen, um die Körperposition zu verändern oder die Aufforderung zu einem stimmhaften Ausatmen. Bei den Hands-on-Techniken handelt es sich um manuelle Techniken, wie einfache Massagegriffe, Dehnungen oder Druckanwendungen. Gemeinsam haben diese Interventionen das Ziel, dem Zittern zu ermöglichen, in alle Körperbereiche zu wandern, um dort die muskulären Verspannungen zu lösen. Abgeschlossen wird der Prozess durch das Sprechen über die Körperwahrnehmungen während der Sitzung.

Im Fall der San ist die Zitterpraxis in gemeinschaftliche Heiltänze eingebettet. Die Heiltänze finden draußen rund um ein Lagerfeuer statt (Katz et al., 1997, S. 19). Die meisten Gemeinschaftsmitglieder kommen vier bis fünf Mal pro Monat für die Heiltänze zusammen (ebd.). Früher dauerten die Tänze von Sonnenuntergang bis Sonnenaufgang, heute meistens nicht länger als bis Mitternacht (ebd., S. 19, 103). An großen Tänzen nehmen 50 bis 80 Personen teil, an kleineren 15 bis 20 (Katz, 1982, S. 38). Somit kann die Anzahl der Beteiligten stark variieren.

Im Zentrum des Heiltanzes stehen das Erwecken und gemeinschaftliche Teilen von *n/om* (H. Keeney & B. Keeney, 2012, S. 17). Zittern ist ein Ausdruck der Präsenz von *n/om* (ebd., S. 12). *N/om* befindet sich im Lagerfeuer, genauso wie in den Gesängen und in den HeilerInnen selbst. Der Tanz aktiviert das *n/om* der HeilerInnen, er »kocht es hoch« (Katz et al., 1997: S. 18f.). Die HeilerInnen sprechen davon, dass sie durch *n/om* getanzt werden (H. Keeney & B. Keeney, 2012, S. 13). Gleichzeitig können sie durch ihr Singen, ihre zitternden Hände und andere Körperteile *n/om* und damit auch das Zittern selbst auf andere Menschen übertragen (B. Keeney & H. Keeney, 2013, S. 79).

Katz et al. (1997) beschreiben den typischen Ablauf eines Heiltanzes[4]: Eng aneinander und rund um ein Feuer sitzend, singt und klatscht eine Menschengruppe. In der Mitte befinden sich die tanzenden HeilerInnen. Während die Atmosphäre zu Beginn heiter und zwanglos ist, wird sie so wie das Singen und Tanzen zunehmend intensiver. Gleichzeitig wird die Intensität des Vorganges jedoch immer wieder durch Humor und Gelächter gebrochen. Wenn die HeilerInnen an verschiedenen Stellen ihres Körpers zu zittern beginnen, beginnt die eigentliche Heilung. Mit zitternden Händen berühren sie jede anwesende Person und geben dabei gleichzeitig eindringliche Laute von sich. Dadurch ziehen sie die Krankheit aus den Menschen heraus. Am frühen Morgen entspannt sich die Atmosphäre, während einige TänzerInnen einschlafen. Mit den ersten Sonnenstrahlen beginnt jedoch erneut ein Tanz und das Singen wird wieder intensiver, während eine weitere Heilungsrunde beginnt. Mit dem Beginn der Morgenhitze klingen Gesang und Tanz endgültig aus (ebd., S. 19ff.).

Die Praxis von TRE und San-Heiltänzen weist sowohl deutliche Unterschiede als auch etliche Gemeinsamkeiten auf. Auf den ersten Blick erscheint TRE wie eine ruhige, achtsame Form der Körperarbeit, wo hingegen die San-Heiltänze wie ekstatische ausgelassene Feste mit Musik, Gesang und Tanz wirken. Dies drückt sich auch in der

---

4 Diese Beschreibungen basieren auf der dreimonatigen Forschung von Richard Katz im Jahre 1968 (Katz, 1982). Die Tänze existieren weiterhin und haben sich nur marginal verändert (Katz et al., 1997, S. 103).

Dauer der Praxis aus. Einzelne TRE-Sitzungen sind in der Regel deutlich kürzer als San-Heiltänze, wobei längere TRE-Workshops eine ähnliche Länge wie San-Heiltänze aufweisen können.

Wenn wir uns das Zittern der Beteiligten ansehen, werden Unterschiede sichtbar. Bei TRE zittern die TeilnehmerInnen, jedoch nicht der TRE-Provider. Bei den Heiltänzen zittern die San-HeilerInnen am meisten und übertragen das Zittern dann auf die anderen TeilnehmerInnen.

Techniken, welche das Zittern fördern, finden wir in beiden Praktiken. TRE-Provider verfügen über ein breites Repertoire an Interventionen, die sie durch verbale Anweisungen oder den Einsatz ihrer Hände umsetzen. Aus der Perspektive von TRE könnte man bei San-HeilerInnen auch von Interventionen sprechen. San-HeilerInnen arbeiten vor allem mit ihren zitternden Händen und anderen Körperteilen sowie ihrer Stimme. Während die Hände der TRE-Provider in der Regel bei Interventionen nicht zittern, fordern jedoch TRE-Provider TeilnehmerInnen dazu auf, stimmhaft auszuatmen. Mit ihren Interventionen versuchen die San-HeilerInnen *n/om* zu teilen und schaffen damit etwas Verbindendes. Das Zittern von Individuen spielt als Ausdruck von *n/om* eine Rolle. Relevant ist jedoch die Verbindung, die *n/om* innerhalb der Gemeinschaft und zwischen den Menschen und der ersten Schöpfung herstellt. Dies ist zugleich heilsam für die Individuen der Gemeinschaft. Dagegen stehen das Aktivieren und die Förderung des individuellen Zittermechanismus im Zentrum der TRE-Interventionen. Die Verbindung zwischen den TeilnehmerInnen einer Sitzung und dieser Personen zur Gesellschaft steht nicht im Fokus von TRE.

Fazit

Sowohl bei TRE als auch in den San-Heiltänzen ist das Zittern Ausdruck einer heilsamen Kraft. Bei all den Differenzen, die sich alleine durch die unterschiedlichen kulturellen Kontexte ergeben, konnten wir auch etliche Gemeinsamkeiten aufzeigen. Diese Gemeinsamkeiten weisen vielleicht auf universelle transkulturelle Elemente einer heilsamen Zitterpraxis hin. So teilen sich beide Zitterpraktiken ein zyklisches Konzept von Krankheit und Heilung. Auch das Verbindende zwischen Tier und Mensch erweist sich bei TRE wie bei den San-Heiltänzen als ein grundlegendes Heilungspotenzial. Doch sind es vielleicht gerade die Unterschiede, die eine Inspiration für die Weiterentwicklung von TRE darstellen könnten. Könnten eventuell der zitternd intervenierende TRE-Provider, musikalische Begleitung und das Erleben von gemeinschaftlicher Verbindung mögliche Elemente darstellen, das Heilungspotenzial von TRE noch zu erweitern? Hier existiert unseres Erachtens viel Potenzial für persönliche Explorationen und wissenschaftliche Erforschung.

Literatur

Berceli Foundation (o.J.). Our Founder and History. http://www.bercelifoundation.org/s/1340/aff_2_interior.aspx?sid=1340&gid=1&pgid=359 (17.10.2014).

Berceli, D. (2010). Neurogenes Zittern. Eine körperorientierte Behandlungsmethode für Traumata in großen Bevölkerungsgruppen. *Trauma & Gewalt, 4*(2), 148–157.

Berceli, D. (2013). *Körperübungen für die Traumaheilung. Forum der Bioenergetischen Analyse Spezial*. Papenburg: Norddeutsches Institut für Bioenergetische Analyse e.V.

Berceli, D., Prassl, V. & Riedl, E. (2012). Durch Zittern zur Tiefenentspannung. *Ursache und Wirkung 79*, 54–57.

IWGIA. (2015). *The Indigenous World 2015*. Copenhagen: International Work Group for Indigenous Affairs.

Katz, R. (1982). *Boiling energy. Community healing among the Kalahari Kung*. Cambridge: Harvard University Press.

Katz, R., Biesele, M. & St. Denis, V. (1997). *Healing makes our hearts happy. Spirituality & cultural transformation among the Kalahari Ju|'hoansi*. Rochester, Vermont: Inner Traditions International.

Keeney, B. (2007). *Shaking medicine. The healing power of ecstatic movement*. Rochester, Vermont: Destiny Books.

Keeney, B. & Keeney, H. (2013). Re-entry into First Creation. A contextual frame for the Ju/'Hoan Bushman performance of puberty rites, storytelling, and healing dance. *Journal of Anthropological Research, 69*(1), 65–86.

Keeney, H. & Keeney, B. (2012). Dancing n/om. *Journal of Dance & Somatic Practices 4*(1), 11–22.

Koch, L. (1981). *The Psoas Book*. Felton, California: Guinea Pig Publications.

Le Doux, J. (1996). *The emotional brain. The mysterious underpinnings of emotional life*. New York: Simon & Schuster.

Levine, P. (2002). *Walking the tiger. Healing trauma*. Berkeley, California: North Atlantic Books.

Lowen, A. (2000 [1977]). *Bioenergetik für Jeden. Das vollständige Handbuch*. Himberg: Wiener Verlag.

Schweitzer, E. (2015). Trembling with joy. Anthropology, trembling practices worldwide. In D. Berceli (Hrsg.), *Shake It Off Naturally. Reduce Stress, Anxiety, and Tension with TRE* (S. 15–24). Charleston: Create Space.

Steckel, H. (2013). Vorwort zur 3. und 4. Auflage. In D. Berceli, *Körperübungen für die Traumaheilung. Forum der Bioenergetischen Analyse Spezial* (S. 9–10). Papenburg: Norddeutsches Institut für Bioenergetische Analyse e.V.

Steward, C. (o.J.). Written testimonials. http://www.christinestewardtre.com/testimonials2.html (03.07.2015).

TRE® for ALL (o.J.). What is TRE®. http://www.traumaprevention.com/what-is-tre (03.07.2015).

Die AutorInnen

Kathrin Gradt, M.A., und **Dr. Erwin Schweitzer** sind TRE-Provider und EthnologInnen. Sie waren an den Universitäten Wien und Hamburg als wissenschaftliche MitarbeiterInnen tätig.

Kontakt

Kathrin Gradt und Erwin Schweitzer
Donaufelder Straße 101/2/24
A-1210 Wien
E-Mail: kathrin.gradt@gmx.at, erwin.schweitzer@gmx.at

Bioenergetische Analyse – ein psychoanalytisches, tiefenpsychologisches, psychodynamisches oder humanistisches Psychotherapieverfahren?

Rainer Mahr

1. Geschichtliche Aspekte

Mit Wilhelm Reich ist die Bioenergetische Analyse in der Psychoanalyse verwurzelt, denn Wilhelm Reich war Psychoanalytiker und gehörte zu ihren wichtigen Vertretern bis zu seiner Flucht aus Deutschland. Selbst Sigmund Freud war damals über die geringe Effektivität der neuen Therapieform unzufrieden und forderte seine Kollegen auf, sich um ihre Weiterentwicklung zu bemühen. Wilhelm Reich hat sich dieses Anliegen zu eigen gemacht und der Psychoanalyse einige wichtige Impulse gegeben, die auch von den Kolleginnen und Kollegen aufgegriffen wurden – oft allerdings, ohne sich auf ihn zu beziehen. Eine dieser Ergänzungen der psychoanalytischen Sichtweise bestand darin, dass Neurosen neben Problemen in der frühen Entwicklung eines Menschen, auch durch reale Lebensbedingungen verursacht werden können. Er nennt diese krankmachenden Faktoren »Biopathie« (Reich, 1984, S. 11ff.). Sein Buch *Charakteranalyse* kann als Zusammenfassung dieser Bemühungen angesehen werden. Es ist auch das Werk von Wilhelm Reich, das in der Bioenergetischen Analyse bekannt und anerkannt ist. Es ist der psychoanalytischen Denkweise verpflichtet und versucht u. a. ihre Widerstandsanalyse auf die Ebene des körperlichen Ausdrucks zu erweitern.

Sein Schüler und Gründer der Bioenergetischen Analyse, Alexander Lowen, war bei Wilhelm Reich in Therapie. Wir wissen, dass dies vor allem eine »Vegetotherapie« gewesen sein muss. Dieses Verfahren war von Reich durch die Beobachtung entwickelt worden, dass seine Klienten während der Therapie mit vegetativen Symptomen reagieren und diese mit der Modulation der Atmung beeinflusst werden können (Boadella, 1981, S. 125ff.). Die Vegetotherapie war aber vor allem eine therapeutische Technik, die nicht bedeuten muss, dass Reich auch sein psychoanalytisches Denken aufgegeben hat.

Reichs spätere Forschungen und Experimente mit dem Orgonakkumulator galten nicht der Entwicklung eines neuen Psychotherapieverfahrens. Er selbst scheint mit ihm nie psychotherapeutisch gearbeitet zu haben.

Alexander Lowen wurde also von einem Therapeuten ausgebildet, der im psychoanalytischen Denken verwurzelt war und durch dessen Sichtweise er geprägt wurde. In all seinen Werken arbeitet er mit psychoanalytischen Vorstellungen (Entstehung psychischer Störungen in der frühen Kindheit, Übertragungs-/Gegenübertragungsgeschehen, Beziehung usw.). Auch in der Zeit, in der er seine Konzepte entwickelte, waren psychoanalytische Vorstellungen in der psychotherapeutischen Welt vorherrschend. Schließlich wollte Lowen mit seinem neuen Psychotherapieverfahren in der psychoanalytischen Gesellschaft in New York anerkannt und aufgenommen werden. Da konnten die eigenen Konzepte nicht zu sehr von den gängigen Denkmustern abweichen. Trotzdem blieb sein Fokus auf der Vertiefung der Atmung und Veränderung der Muskelspannungen entscheidend. Die Anerkennung seiner Arbeit durch die psychoanalytische Gesellschaft hat Lowen allerdings nie erreicht. Im Gegenteil: Schon sehr früh waren solche Bemühungen mit kritischen Fragen nach seiner Nähe zu Wilhelm Reich begleitet und eine deutlichere Distanz wurde ihm empfohlen (Lowen, 2004, S. 75ff.).

Nachdem Alexander Lowen dann zusammen mit Pierrakos sein Verfahren weiterentwickelt hatte und auch erfolgreich wurde, bekam er einige Jahre nach der Veröffentlichung seines Buches *The Language of the Body* eine Einladung nach Ensalem in Berkley, einem Zentrum der humanistischen Psychologie (Lowen, 2004, S. 87f.).

Die psychotherapeutische Öffentlichkeit war damals geprägt von großem Unbehagen gegenüber den etablierten Psychotherapien, u. a. der Psychoanalyse. Sie galt für die meisten Patienten als zu aufwendig mit ihren vier Sitzungen pro Woche, als zu teuer und intellektuell zu anspruchsvoll.

Deshalb entwickelte sich seit den 1960er Jahren die Humanistische Psychologie als ›Dritte Kraft‹ neben der Verhaltensforschung und der Psychoanalyse. Wichtige Vertreter dieser Entwicklung waren Abraham Maslow, Charlotte Bühler und Carl Rogers (Kriz, 2000).

Carl Rogers hatte zum ersten Mal versucht, die Faktoren zu analysieren, die in einer Psychotherapie wirksam sind. Es zeigte sich, dass ein Therapeutenverhalten wesentlich war, das dem Patienten Wertschätzung, Offenheit und Wahrhaftigkeit entgegenbrachte. Der Therapeut musste als selbstkongruent erlebt werden. Da Fachwissen nicht als wesentlicher Faktor identifiziert wurde, hat man Nichttherapeuten – vor allem Menschen aus dem Pflegebereich – für die Fähigkeiten trainiert, die in der Arbeit von Rogers als relevant identifiziert worden waren. die Untersuchung offenbart hatte. Die Psychotherapien, die dann von diesen »Laien« durchgeführt wurden, waren ähnlich effektiv wie die der professionellen Analytiker.

In dieser Atmosphäre der kritischen Einstellung zur Psychoanalyse sind dann noch viele andere Psychotherapieformen entstanden, zum Beispiel die Gesprächstherapie, die Gestalttherapie oder das Psychodrama. Auch die Bioenergetische Analyse wurde in diesem Zusammenhang interessant, weil sie mit ihrer Körperarbeit die Psychotherapie vom »Kopf auf die Füße« stellte. Es ging um den Kontakt zu den Gefühlen, zum Erleben und nicht mehr nur ums Denken und Analysieren. Die Lebendigkeit und Körperlichkeit sollten gefördert und befreit werden. Auch die Konzepte über Funktion und Bedeutung der Sexualität von Wilhelm Reich passten sehr gut in diese neuen Vorstellungen vom Leben und sollten auch die sexuelle Befreiung »wissenschaftlich« untermauern. All diese Entwicklungen, Aufbrüche und Experimente fügten sich mit der Zeit zu einem humanistischen Menschenbild und zu einer humanistischen Psychologie zusammen.

Diese humanistische Psychologie war im kritischen Prozess in Abgrenzung von etablierten Denkmustern entstanden sowie in deutlicher Abgrenzung zur Psychoanalyse. Auch wenn diese Grenzen heute offeneren und sachlicheren Überlegungen weichen mögen und diese Differenz seltener deutlich ausgetragen wird, so war es aus historischer Sicht ein zentraler Konflikt zwischen der Psychoanalyse und der humanistischen Psychologie, zwischen etablierten Sichtweisen vom Leben sowie dem Aufbruch vieler Sehnsüchte nach mehr Lebendigkeit und Selbstbestimmung.

Selbsterfahrung in gruppendynamischen Trainings und in Encountergruppen wurde oft individuellen Therapieprozessen vorgezogen. Es galt, das therapeutische Potenzial der Gruppenmitglieder zu nutzen. Seine psychischen Erfahrungen, Bedürfnisse, Ängste, Freuden und Leiden musste man auch nicht mehr vor anderen geheim halten. Es gab nicht mehr die Gesunden (Guten) und die Kranken (Schlechten, Armen). Alle Menschen haben sich mit ähnlichen Fragen und Schwierigkeiten auseinanderzusetzen. Sie können sich darüber austauschen, solidarisieren und sich bei ihrer Weiterentwicklung und der Überwindung von Schwierigkeiten gegenseitig helfen.

In diesem Milieu konnte die Bioenergetische Analyse ihren Platz finden, vor allem weil sie klar strukturiert schien und mit ihrem Charakterstrukturmodell und dem Konzept der Körperarbeit viel innovatives Potenzial vermitteln konnte. Besonders interessant war auch ihr Bemühen um die Förderung des emotionalen Ausdrucks. Die befreiende Wirkung kathartischer Erfahrungen wurde oft als die Heilung selbst erlebt oder interpretiert. Psychoanalytische Arbeit, also die emotionalen Erfahrungen zu verstehen und die Beziehungsaspekte im therapeutischen Geschehen standen oft weniger im Fokus des Geschehens, obwohl sie in den bioenergetischen Konzepten von Lowen vorhanden waren. Aber theoretische, psychotherapeutische Konzepte zu lesen und zu reflektieren, gehörte in diesem Milieu nicht zu einer der wichtigsten Tugenden.

In dieser Zeit hatte sich die bioenergetische Praxis vom psychoanalytischen Verständnis psychischer Prozesse weit entfernt und war ein Teil der humanistischen Psychologie geworden. Damit trug sie auch zur einsetzenden Kritik an diesen neuen psychotherapeutischen Methoden bei, die ihnen Scharlatanerie und eine geringe Seriosität unterstellten. Der wenig reflektierte Gebrauch des Energiebegriffs zum Beispiel brachte sie in Verbindung mit esoterischen Konzepten, die bisweilen heftig kritisiert und abgewertet wurden.

Wie mit jeder psychotherapeutischen Methode kam es auch in der Bioenergetischen Analyse zu schwierigen und wenig effektiven Prozessen. Für die Lösung solcher Probleme wurde dann aber weniger das körpertherapeutische Vorgehen reflektiert und modifiziert, sondern auf die bekannten und anerkannten psychoanalytischen Konzepte zurückgegriffen. Das war umso nahe liegender, als viele bioenergetische Therapeuten und Trainer eine psychoanalytische Vergangenheit hatten. Der Ausflug in die Körperpsychotherapie wurde dann als Irrweg wahrgenommen und revidiert. Die Körperarbeit wurde nur noch als ein hilfreicher Übungsaspekt im psychoanalytischen Geschehen betrachtet. Dies wird in manchen Aufsätzen in bioenergetischen Fachzeitschriften deutlich, in denen dann auf die bioenergetischen Konzepte kaum bis gar nicht Bezug genommen wird.

In dieser Phase wurde die Bioenergetische Analyse als eine psychoanalytische oder tiefenpsychologische Methode wieder stärker betont. Dies geschah einmal aus der Einsicht heraus, dass die bioenergetischen Konzepte nicht effektiver sind als die psychoanalytischen oder aber, um sich die Anerkennung durch die etablierten Methoden zu sichern. Der letzte Aspekt wurde besonders relevant, als in Deutschland das neue Psychotherapeutengesetz verhandelt wurde, mit dem die Bioenergetische Analyse keine Aussicht mehr darauf hatte, als Richtlinienverfahren anerkannt zu werden. Nach diesem Gesetz konnten sich Psychotherapeuten in einer Übergangszeit in einem anerkannten Verfahren nachqualifizieren lassen. Viele Bioenergetische Analytiker haben davon Gebrauch gemacht, die bioenergetischen Gesellschaften in großer Zahl verlassen und zwangsläufig ihre körpertherapeutische Denkweise verändert.

2. Klärung von Begriffen

Wird die Bioenergetische Analyse heute als ein psychoanalytisches, tiefenpsychologisches, psychodynamisches oder humanistisches Psychotherapieverfahren bezeichnet, dann geschieht das aus vier Gründen:

1. Die Ausbildung zum Bioenergetischen Analytiker war ausdrücklich tiefenpsychologisch orientiert.
2. Einige psychoanalytische, tiefenpsychologische und humanistische Aspekte sollen in der Bioenergetischen Analyse eine besondere Bedeutung haben.
3. Es sollen ihre historischen Wurzeln besonders betont werden.
4. Mit dem Bezug zur Tiefenpsychologie und Psychoanalyse sollen Seriosität und Wissenschaftlichkeit der Bioenergetischen Analyse hervorgehoben werden.

Natürlich haben alle diese Aspekte ihre Berechtigung. Sie lassen sich in den Konzepten der Philosophie und in der Geschichte der Bioenergetischen Analyse wiederfinden.

Wenn es aber darum geht, die Bioenergetische Analyse heute öffentlich zu präsentieren, dann ist es wichtig zu zeigen, wie sie sich von anderen Therapieformen unterscheidet, was ihre spezifischen Vorstellungen sind, die das Verständnis psychotherapeutischer Prozesse erweitern. Dieser Unterschied kann u. a. auch ein Grund sein, sich als Klient für die bioenergetische Arbeit zu entscheiden und nicht für ein anderes Verfahren. Trotz dieser Abgrenzung werden andere Verfahren wertgeschätzt. Es bleibt ein Austausch und eine Kooperation möglich.

Werden andere Aspekte in der Darstellung der Bioenergetischen Analyse zu deutlich betont, zum Beispiel tiefenpsychologische Vorstellungen, kann der Eindruck entstehen, beide Verfahren seien fast identisch und austauschbar. Das werden die entsprechenden Fachgesellschaften aber wahrscheinlich nicht so sehen und akzeptieren.

Was aber sind die Vorstellungen und spezifischen Aspekte dieser hier zur Diskussion stehenden psychotherapeutischen Verfahren?

2.1 Tiefenpsychologische Psychotherapie

Wenn von der tiefenpsychologisch fundierten Psychotherapie heute gesprochen wird, ist es sinnvoll, sich auf das Verständnis zu beziehen, das sie von sich selbst hat und zum Beispiel im Internet präsentiert wird:

»Tiefenpsychologisch fundierte Psychologie (TfP) […] ist die am häufigsten erbrachte Leistung in der psychotherapeutischen Versorgung. Die TfP ist ein effizientes wissenschaftliches Verfahren, das den aktualisierten unbewußten Konflikt und die therapeutische Beziehung ins Zentrum der Behandlung stellt« *(Tiefenpsychologisch fundierte Psychotherapie [TfP])*.

»Die DFT ist der einzige Fachverband für das Richtlinienverfahren Tiefenpsychologisch fundierte Psychotherapie« (Deutsche Fachgesellschaft für Tiefenpsychologisch fundierte Psychotherapie e. V. *[DFT]*, 2014).

»Die therapeutischen Prinzipien haben sich vor allem aus der psychoanalytischen Praxis entwickelt. Der Schwerpunkt der Behandlung liegt auf Konflikten und Entwicklungsstörungen, die in der aktuellen Lebenssituation des Patienten auftreten. Die ausführliche Bearbeitung zugrunde liegender Ursachen solcher Konflikte und Störungen, die aus der weiteren Vergangenheit, insbesondere aus der frühen Kindheit der Patienten stammen, spielt bei den tiefenpsychologisch fundierten Verfahren keine zentrale Rolle. Ebenso werden weitreichende Regressionen vermieden. Die psychoanalytischen Konzepte von Unterbewusstsein, Widerstand, Übertragung und Gegenübertragung werden von tiefenpsychologisch fundierten Therapeuten beachtet, bilden jedoch nicht den Schwerpunkt der therapeutischen Arbeit. In der therapeutischen Praxis arbeiten Patient und Psychotherapeut zielorientiert, die Ziele und Schwerpunkte werden vor und während der Behandlung miteinander besprochen« (Tiefenpsychologie. Tiefenpsychologisch fundierte Psychotherapie [TP], siehe auch Lieberz, o. J.).

2.2 Psychoanalytische Therapie

Die Psychoanalytische Psychotherapie hat sich seit Freud in ihren Vorstellungen und Techniken in vieler Hinsicht weiterentwickelt und neue Einsichten und Erfahrungen in ihr Therapiemodell integriert.

Wesentlich größeren Wert als in der Tiefenpsychologie wird auf die Rolle der frühkindlichen Entwicklung für das Entstehen von Verhaltensstörungen und Krankheiten gelegt. Das Bewusstwerden dieser Ursachen ist wesentlicher Teil der Arbeit. Regressionen bekommen dabei eine besondere Bedeutung und werden ausdrücklich zugelassen. Widerstandsanalyse, Übertragung und Gegenübertragung spielen im therapeutischen Prozess eine große Rolle.

Aus der Psychoanalytischen Psychotherapie wurde die Tiefenpsychologisch fundierte Psychotherapie abgeleitet, indem sie den realen Bedingungen der Behandlung psychisch kranker Menschen angepasst wurde.

Die beiden Verfahren unterscheiden sich in ihrem Verständnis des psychischen Krankheitsgeschehens nicht wesentlich voneinander. Deshalb sieht der Wissenschaftliche Beirat Psychotherapie (WBP), der die Gutachten zur Anerkennung von Psychotherapieverfahren als wissenschaftliche Verfahren erstellt, »keine wissenschaftliche Grundlage für eine Unterscheidung zwischen tiefenpsychologisch fundierter und analytischer Psychotherapie als zwei getrennte Verfahren. Sie schlagen vor, beide Verfahren als »Psychodynamische Psychotherapie« zu bezeichnen (Wissenschaftlicher Beirat Psychotherapie [WBP], 2004).

2.3 Humanistische Psychologie

> »Als Fazit bleibt festzuhalten, daß die Humanistische Psychologie wesentlich dazu beitrug, daß der Mensch in der Therapie und in der Psychologie wieder Mensch sein kann mit allen Schwächen und Facetten, die ihn charakterisieren« (M. Wendland, o. J.).

> »Humanistische Psychologie meint einen eher lockeren Verbund unterschiedlichster Ansätze, die weniger durch eine gemeinsame Theorie als durch ein hinreichend gleichartiges Menschenbild und einige grundsätzliche Übereinstimmungen in den Prinzipien therapeutischer Arbeit verbunden sind« (Kriz, 2000).

Grundannahmen der Humanistischen Psychologie:

- Der Mensch ist mehr als die Summe seiner Teile
- Er lebt in zwischenmenschlichen Beziehungen
- Er kann entscheiden
- Er ist von Natur aus gut und auf die Entfaltung seines großen Potenzials ausgerichtet

- Sein Streben nach Selbstverwirklichung und persönlichem Wachstum kann durch Umwelteinflüsse blockiert werden.
- Die Entfaltung des individuellen Potenzials zu ermöglichen und zu fördern, ist das Ziel der therapeutischen Arbeit.

Da Theorien zur Entstehung von psychischen Störungen und Diagnosen von Krankheiten weitgehend abgelehnt wurden, bekam die Humanistische Psychologie einen wissenschaftsfeindlichen Ruf und wurde in der etablierten psychotherapeutischen Welt wenig wertgeschätzt.

Inzwischen hat die »Gesellschaft für wissenschaftliche Gesprächstherapie e.V« (GWG) ihre humanistischen Konzepte präzisiert und auf eine wissenschaftlichere Grundlage gestellt. Kern ihrer Konzeption ist die »Personenzentrierte Gesprächsführung« von Carl Rogers, der die Prinzipien der Humanistischen Psychologie in ein psychotherapeutisches Verfahren umgesetzt hat (Rogers, 1972).

Der »Wissenschaftliche Beirat Psychotherapie« hat mit seinem Gutachten aus dem Jahr 2002 die Gesprächspsychotherapie als wissenschaftliches Psychotherapieverfahren für vier von acht Indikationsbereiche für Erwachsene anerkannt. »Im Mittelpunkt der Störungstheorie der Gesprächspsychotherapie steht die psychische Entwicklung des Menschen, die durch subjektive Erfahrungen, die gegebenenfalls mit dem eigenen Selbstbild oder mit Normen konfligieren, beeinträchtigt wird, so dass es zu »Inkongruenzen« kommt. Diese Inkongruenzen können die »Selbstregulation« des Menschen in unterschiedlichem Ausmaß und in unterschiedlichen Funktionsbereichen beeinträchtigen. Die zentrale Annahme einer Inkongruenz zwischen einem idealen Selbstbild und einer realen (Selbst-)Erfahrungen ist in verschiedenen Studien überprüft und bestätigt worden (Wissenschaftlicher Beirat Psychotherapie, 2002).

3. Folgerungen für die Bioenergetische Analyse

Die Betrachtung der verschiedenen psychotherapeutischen Konzepte offenbart einige gemeinsame Aspekte, auch wenn sie mit unterschiedlichen Modellen und Sprachen dargestellt werden.

1. Immer geht es darum, Beeinträchtigungen in der Entwicklung eines Menschen zu beseitigen, damit er seinen Möglichkeiten und Notwendigkeiten entsprechend sein Leben selbst gestalten kann.
2. Persönlichkeit und Verhalten des Therapeuten spielen immer eine große Rolle. (Selbst in den kognitiven Therapien gibt es Therapeuten, also auch eine Klient-Therapeuten-Beziehung.)
3. Humanistische Prinzipien, wie die Achtung und Wertschätzung der Person, ihrer eigenen Möglichkeiten, ihrer Autonomie, gibt es in all diesen psychotherapeu-

tischen Konzepten. Für die Bioenergetische Analyse hat dies Susanne Winkler ausführlich und überzeugend dargestellt (Winkler, 2015).

Es scheint, dass humanistische Aspekte inzwischen allgemeingültige Kriterien sind für die Art und Weise, in der sich Menschen begegnen oder miteinander umgehen sollten. Die humanistische Bewegung, von der immer wieder die Rede ist, mag dazu nicht unerheblich beigetragen haben.

Viele Gemeinsamkeiten in den verschiedenen Konzepten sind – so banal das auch klingt – dadurch verursacht, dass alle mit Menschen arbeiten, die geboren werden, sich entwickeln, dabei behindert, beschädigt werden und Hilfe brauchen, diese Störungen zu überwinden. Diese Tatsache wird von allen psychotherapeutischen Schulen auf unterschiedliche Weise mit speziellen Systemen beschrieben und versucht zu verstehen. Daraus entwickeln sich dann unterschiedliche Verfahren und Techniken, den Menschen zu helfen. Um herauszufinden, welche dieser Methoden am effektivsten sind, gibt es die wissenschaftlichen Studien. Ihre positiven Ergebnisse garantieren aber noch lange nicht den gewünschten Erfolg. Das psychotherapeutische Verfahren, das zur Anwendung kommen soll, muss der Persönlichkeit des Therapeuten und Klienten entsprechen. Ist dies nicht der Fall, wirkt auch die objektivste Psychotherapiemethode nicht.

Es geht weniger um die Frage, welches Therapieverfahren das Richtigere ist, sondern eher darum, welches System dem Therapeuten und den Klienten aufgrund ihrer Geschichte und Persönlichkeit besonders entspricht. Man könnte es vergleichen mit Menschen unterschiedlicher Kulturen und Sprachen: Sie leben, denken, beten, lieben und streiten auf ganz unterschiedliche Weise. Sie haben einen unterschiedlichen Fokus, betonen spezielle Aspekte vom menschlichen Leben und den Möglichkeiten, es zu bewältigen. Allen geht es aber darum, die Welt, unser Leben besser zu verstehen und zu gestalten. Was diesen Kulturen gemein ist, ist weniger interessant als ihre Unterschiede, die Art und Weise, andere Dinge für wichtig und wertvoll anzusehen und zu verfolgen.

An der Bioenergetischen Analyse dürfte besonders ihr Fokus auf die Wechselwirkung biologischer und psychischer Prozesse interessieren. Psychische Befindlichkeiten finden ihren Ausdruck in der Körperhaltung, der Stimme, dem Gesichtsausdruck, der Art und Weise zu stehen, zu gehen, im Spannungszustand der Skelett- und glatten Muskulatur, durch die Prozesse im autonomen und zentralen Nervensystem usw. Durch die Arbeit mit dem Körper (Atmung, Entspannung, Stress, Bewegung usw.) können Erinnerungen reaktiviert werden, Empfindungen und Themen auftauchen, die bei der Arbeit mit anderen Methoden nicht so leicht zugänglich sind. Über die Arbeit mit dem Körper (Atmung, motorische Arbeit) können die körperlich manifestierten Haltungen und Einstellungen modifiziert werden. Theorie und Praxis der Bioenergetischen Analyse orientiert sich an der menschlichen Struktur und Organisation – einem biologischen Organismus.

Wesentliche Merkmale der Bioenergetischen Analyse kann man folgendermaßen zusammenfassen (SGfBA, 2015):

1. Die Bioenergetische Analyse sieht den Menschen als einen biologischen Organismus, der sich selbst mit physiologischen und physikalischen Prozessen innerhalb eines sozialen Umfeldes regelt.
2. Das psychische und geistige Geschehen ist Teil und Folge dieser biologischen Prozesse und dient auch seiner Regulierung und Optimierung.
3. Wenn die Bioenergetische Analyse von Energie spricht, meint sie auf der psychischen Ebene den Grad der »Lebendigkeit« des Menschen. Auf der körperlichen Ebene meint sie die unterschiedlichsten physiologischen und physikalischen Prozesse, die den Organismus steuern.
4. Die Bioenergetische Analyse arbeitet mit der Beziehung und dem Körper. Körperlicher Kontakt als therapeutische Intervention ist nicht tabu.
5. Mit dem Persönlichkeitsmodell der Charakterstrukturen versucht die Bioenergetische Analyse die Entwicklung von Persönlichkeit, Identität und Selbst zu verstehen und zu beschreiben.
6. Mit dem zentralen Begriff »Grounding« beschreibt die BA die Verwurzelung einer Person in der Realität – psychisch, geistig und körperlich.
7. Die Bioenergetische Analyse fördert den Kontakt zu und den Ausdruck von tiefen Gefühlen und Erlebnissen, auch im Sinne von Katharsis.

Literatur

Boadella, D. (1981). *Wilhelm Reich*. Bern, München: Scherz.

Deutsche Fachgesellschaft für Tiefenpsychologisch fundierte Psychotherapie e.V. (DFT). (2014). Stellungnahme der Deutschen Fachgesellschaft für Tiefenpsychologisch fundierte Psychotherapie (DFT) und ihrer Lehrinstitute zur Vorlage bei der Veranstaltung »Reform der Psychotherapeutenausbildung« am 19.02.2014 in Düsseldorf. www.dft-online.de (Ausbildungsreform) (Stand: 22.2.2016).

Freudl, P. (2002). Warum wird Reich nie erwähnt?. *Energie und Charakter*, *33*(25), S. 43–68.

Kriz, J. (2000). *Humanistische Psychologie*. Lexikon der Psychologie. http://www.spektrum.de/lexikon/psychologie/humanistische-psychologie/6752 (Stand: 22.2.2016).

Laska, B. A. (1999). *Wilhelm Reich*, Hamburg: rororo.

Lieberz, K. (1998). *Deutsches Ärzteblatt*, *95*(31–32): A-1909–1912..

Lowen, A. (2004). *Honoring the Body: The Autobiography of Alexander Lowen*. M. D., Bioenergetics Press.

Reich, W. (1983). *Charakteranalyse*. Frankfurt/M.: Fischer Taschenbuch.

Reich, W. (1984). *Äther, Gott und Teufel*. Frankfurt/M.: Nexus.

Rogers, C. R. (1972). *Die nicht direktive Beratung. Counselling and Psychotherapy*. Boston, München: Kindler Studienausgabe.

SGfBA, *Wesentliche Merkmale der Bioenergetischen Analyse* wurden 2016 von den Mitgliedern der Süddeutschen Gesellschaft für Bioenergetische Analyse entwickelt

Tiefenpsychologisch fundierte Psychotherapie (TfP). *Deutsche Fachgesellschaft für Tiefenpsychologisch fundierte Psychotherapie e.V.* (DFT) www.dft-online.de (Stand: 22.2.2016).

Tiefenpsychologische Psychotherapie. http://www.dft-online.de. (Stand: 22.2.2016).
Tiefenpsychologie. Tiefenpsychologisch fundierte Psychotherapie (TP). https://www.therapie.de/psyche/info/index/therapie/tiefenpsychologisch-fundierte-psychotherapie (Stand: 22.2.2016).
Wendland, M. (o. J.). *Einführung in die Humanistische Psychologie.* www.behaviorismus.de/human_7.htm (Stand: 22.2.2016).
Winkler, S. (2015). *Die Bioenergetische Analyse als ein Verfahren der Humanistischen Psychologie.* http://niba-ev.de/bioenergetik/alexander.php (Stand: 22.2.2016).
Wissenschaftlicher Beirat Psychotherapie (WBP) (2004). *Stellungnahme zur Psychodynamischen Psychotherapie bei Erwachsenen.* http://www.wbpsychotherapie.de/page.asp?his=0.113.131 (22.2.2016).
Wissenschaftlicher Beirat Psychotherapie (2002). *Gutachten GWG.* www.wbpsychotherapie.de (Stand: 22.2.2016).

Der Autor

Rainer Mahr (Jg. 1942), Dipl.-Theol., Dipl.-Päd., Heilpraktiker, Bioenergetischer Analytiker. Bis 2007 arbeitete ich in einer Erziehungsberatung und immer noch in einer eigenen psychotherapeutischen Praxis. Der Beschreibung psychischer Prozesse aus biologischer und physiologischer Sicht gilt mein besonderes Interesse.

Kontakt

Rainer Mahr
Dreieichstr. 29
D-63263 Neu-Isenburg
E-Mail: rmahr@t-online.de
Internet: www.bioenergetik-mahr.de, www.rainermahr.com

Die Bioenergetische Analyse als ein Verfahren der Humanistischen Psychologie[1]

Susanne Winkler

Begründer der Bioenergetischen Analyse (BA) ist Dr. Alexander Lowen, der als Schüler von Wilhelm Reich diese, gemeinsam mit John Pierrakos, entwickelte. Er ging wie Reich von der dialektischen Beziehung von Psyche und Soma aus, die er auf einer tieferen Ebene als funktionell identisch verstand und die er zum Zentrum der Bioenergetischen Analyse machte (Lowen, 2006, S. 216–220). Anders als Reich formulierte er nicht die Befreiung der Sexualität als zentrales Anliegen, sondern war mehr an »der Befreiung der gehemmten Lebensenergie oder Vitalität« (Geuter, 2006, S. 17–32) interessiert. Ihm ging es darum, »dem Individuum zu möglichst vollem emotionalen Selbstausdruck (Sexualität begreift er nur als *eine* Spielart des Selbstausdrucks) und damit zu einem energievollen, reichen Leben zu verhelfen« (Schretter, 1997, S. 76–82). Ziel ist es, dem Menschen den Zugang zu mehr Lebensfreude zu ermöglichen, wie er es in seinem letzten Buch *Freude* (Lowen, 1992), einer Art Vermächtnis, ausführlich darlegte.

In Anlehnung an die Triebtheorie Freuds und auf Grundlage von Reichs Konzept der Charakteranalyse legte er 1958 mit der Ausformulierung der Charakterstrukturen in seinem ersten Buch *Language of the Body* (dt.: *Körperausdruck und Persönlichkeit*, 1981) eine komplexe Krankheitslehre über die Entstehung der Neurose vor und schuf damit die Grundlagen für ein differenziertes, analytisches Behandlungsmodell. So erkannte er zum Beispiel in den tiefen muskulären Spannungen die Ursache für die blockierten Gefühle als Abwehrmuster gegen erfahrenes Leid und in einer flachen Atmung einen zentralen Mechanismus für die Aufrechterhaltung dieser Abwehr. Er geht damit von der Einheit von Körper und Seele aus und unterscheidet sich hierin ganz wesentlich von der Psychoanalyse. Die heutigen Neurowissenschaften bestätigen mit ihrer neuen Forschung ebenso wie die Embodimentforschung jetzt in vielfacher Hinsicht die

1 Dieser geringfügig veränderte und korrigierte Text lag als Grundlagentext der DGK für die Anhörung beim Wissenschaftlichen Beirat der Psychotherapeutenkammer im September 2015 vor und wurde auf der Website des NIBA veröffentlicht.

intuitiv erfassten und auf Empirie beruhenden Einsichten von Reich und Lowen und das Konzept der funktionalen Identität von Körper und Seele.

Obwohl Lowens Behandlungsinteresse in der Analyse der Persönlichkeit und des Körperausdrucks sowie eines ätiologischen Verständniszusammenhangs zwischen der – oft unbewussten – kindlichen Erfahrung mit ihren verdrängten Impulsen und Affekten und dem aktuellen verkörperten Befinden lag, begnügte Lowen sich nicht mit der Einsicht und Erkenntnis, sondern fokussierte die Arbeit auf die Wahrnehmung und Erfahrung des Körpers und auf eine *aktive* Veränderung auch auf körperlicher Ebene.

40 Jahre später schreibt Madert über die Behandlung von Trauma,

> »dass die Bioenergetik in der Psychotherapie dort unverzichtbar ist, und über [...] Beziehungsgestaltung mittels Körpererfahrung hinaus [geht], wo durch die Körperarbeit über gezielten sensomotorischen Input Verbindungen im neuronalen Netz reaktiviert werden, die durch den Schockmechanismus oder ähnliche Mechanismen in ihrer Funktion stillgelegt, ›eingefroren‹ wurden. Danach erst ist eine psychische Integration von Erfahrung möglich, die als Trauma im Moment der Erfahrung die Verarbeitungskapazität des Gesamtsystems überfordert hätte, später dann aber mangels einer supportiven, ›heilenden‹ Umgebung in einem chronischen Schockzustand gebunden blieb« (Madert, 1997, S. 67).

Anders als Reich, der vorwiegend mit der Atmung und ausschließlich im Liegen arbeitete, erweiterte Lowen dessen Behandlungstechnik und entwickelte u. a. das Konzept des Groundings und mit ihm viele verschiedene Übungen zu dessen Stärkung. Er arbeitete vielfach auch im Stehen, knüpfte damit an die Autonomieentwicklung der Persönlichkeit an und »bahnte damit den Weg aus der Regression heraus in das Hier und Jetzt der Realität« (Geuter, 2006, S. 17–32). Ein geerdeter Mensch ist demnach jemand, »der energetisch mit der Grundlage seines Seins, nämlich seinem Körper und der Erde verbunden ist [...]. Geerdet sein bedeutet, mit der Realität in Berührung zu sein« (Lowen, 1978, S. 53).

Lowen entwickelte hiermit eine Behandlungstechnik, die eine aktivere Rolle des Therapeuten impliziert. Zwar vertrat er seiner Zeit entsprechend eine Ein-Personen Psychologie und nahm die Rolle des wissenden Arztes ein. Da aber Lowen immer schon die körperlichen Interaktionen betonte, ist in seinem Ansatz schon eine verkörperte *Intersubjektivität* enthalten, sodass hier ohnehin von einer großen Nähe zum humanistischen Verständnis des Verhältnisses von Patient und Therapeut gesprochen werden kann. *Die Intersubjektivität*, ohne die die bioenergetisch-analytische Arbeit heute gar nicht mehr denkbar ist, wurde weiter erforscht und untersucht, wie zum Beispiel Publikationen zum Körper-Dialog und dem Therapeuten als Resonanzkörper von Heinrich (Heinrich, 1997, S. 32–41), bzw. von Heinrich-Clauer (Heinrich-Clauer, 2008, S. 161–178; 2009, S. 31–55), zeigen sowie von Tonella (2008, S. 59–111) über die Interaktionen des Selbst.

Deutlich wurde bereits, dass die bioenergetisch-analytische Psychotherapie sehr im Hier und Jetzt stattfindet, denn die bioenergetisch-analytische Arbeit, zum Beispiel die an einem besseren Grounding oder an einer vertieften Atmung, ist eine Arbeit, die überhaupt nur im *Hier und Jetzt* des therapeutischen Prozesses (ein wesentliches Element der humanistischen Psychologie) denkbar ist.

Außerdem ist die *therapeutische Praxis* in der BA gekennzeichnet dadurch, dass sie:

- *experienziell* (Thielen, 2015) ist. Sie ist *erlebensorientiert*. Sie lädt den Patienten ein, »auf vertiefte Weise sich selbst zu erkunden« (Eberwein, 2014, S. 23–88) und ermutigt die betreffende Person immer mehr ihre inneren Erfahrungen zuzulassen und zu akzeptieren und stellt dem Patienten den »Raum für sich selbst« (Eberwein, ebd.), seine Such- und Probierbewegungen sowie für neue korrigierende Erfahrungen mit sich selbst und auch mit dem Gegenüber, dem Therapeuten zur Verfügung. Bioenergetisch-analytische Interventionen sollen hierbei den Patienten darin unterstützen, die Möglichkeiten seines Körpers erweitern zu helfen, zum Beispiel Affekte zu generieren, die damit verbundene Erregung zu halten, zu tolerieren und angemessen zum Ausdruck zu bringen.
- *experimentell* (Thielen, 2015) ist, indem sie den Patienten konkret ermutigt, sich selbst und seinen Körper achtsam wahrzunehmen, die Aufmerksamkeit auf ihn zu richten und die leiblich gefühlte Bedeutung einer Situation im Sinne eines »felt sense«, ein Begriff von Gendlin, zu erfassen. »Schwierigkeiten mit der Etablierung eines ›felt sense‹ führt die BA u. a. auf die Abspaltung der bewussten Verarbeitung typischer Konfliktsituationen vom leiblichen Erleben zurück, wie sie diese für frühe bzw. traumainduzierte Störungen beschreibt. Die BA arbeitet gezielt über den Körper an der Wiederherstellung dieser gestörten Verbindung und damit auch an der Verbesserung des Leiberlebens im »Hier und Jetzt« wie es für die humanistisch-psychologische Therapiemethoden wie das Focusing von entscheidender Bedeutung ist.« (Mücher, 2015).
- *emotionszentriert* (Eberwein, 2015, S. 23–38) ist. »Ein Gefühl besteht aus zwei Elementen: einerseits aus einem körperlichen Geschehen, andererseits aus dessen geistiger Wahrnehmung. Wegen dieser Eigenschaft könnte man die Gefühle als die einigende Kraft zwischen Körper und Geist betrachten« (Lowen, 1991, S. 85–105), sagt Lowen. Daraus folgt schlüssig, den Zugang zu unterdrückten und blockierten Gefühlen über den Körper herzustellen. »Die bioenergetisch-analytische Körperarbeit geht von dem Zusammenspiel von Körperempfindungen, Erleben und Verstehen […] aus, um einen differenzierten und emotional tiefgehenden Prozess anzuregen. Eines der wesentlichen Ziele der Bioenergetik ist, diesen Prozess in Bewegung zu halten, so dass der Körper sich zu einem lebendigen, d. h. persönlich erlebten Körper entfalten kann. Lebendig sein heißt dabei, Lust und Lebensfreude zu spüren, um sich am schöpferischen Prozess des Lebens zu beteiligen« (Sollmann, 1999, S. 65).

Eine wesentliche Auffassung der BA in der Nachfolge von Reich ist, dass der Körper und damit dem Menschen die Fähigkeit zur *Selbstregulation* zu eigen ist. Reich sprach hier noch von Selbststeuerung (Reich, zit. nach Thielen, 2014, S. 135–147). Verhilft man der Lebensenergie zu freiem Fluss, so ist der Organismus in der Lage, sich zu reorganisieren und zu regenerieren und unterstützt man damit den Menschen auch gleichzeitig in seinem persönlichen Wachstum auf allen Ebenen seines Seins. »Man kann wohl sagen, dass sich die BA zentral darum kümmert, dass sich der Mensch in seinem ganzen Selbst – das schließt eben das Körperliche ein – voll entfaltet. Diese Selbstentfaltung und dieser persönliche Wachstumsprozess beinhaltet nach Auffassung der BA und in der Methodik der BA, den freien Zugang zu den auch körperlichen/biologisch verankerten Ressourcen für Selbstheilung und Selbstregulation, die sich aufgrund gemachter Lebenserfahrungen und u. a. dadurch bedingter chronischer (muskulärer) Spannungsmuster verstellt haben« (Steckel, 2015). So werden durch die bioenergetisch-analytischen Übungen oder auch durch den gezielten sensomotorischen Input einer Intervention neue Impulse gesetzt, die »das Erleben (intensivieren) und […] gleichzeitig die neurophysiologische Selbstregulierung (aktivieren) […]. Der Organismus erfährt sich für eine gewisse Weile in einem neuen Wirkungs- und Organisationszusammenhang. An einer gewissen Stelle wird ein neuer Impuls in den Kreislauf eingefügt mit der Notwendigkeit, dass sich der ganze Organismus darauf einzustellen hat« (Sollmann, 1999, S. 71). Ein zentrales Anliegen in der Bioenergetischen Analyse ist es, die *Selbstheilungskräfte* zu aktivieren, wie zum Beispiel der Ansatz Bercelis zur Traumaheilung zeigt, den Berceli für Menschen, die ein Schocktrauma erlitten hatten, mit einer einfachen Übungsserie zum »neurogenen Zittern« wirksam entwickelte (Berceli, 2007, 2008, S. 343–352).

Das *Menschenbild* in der Bioenergetischen Analyse ist inspiriert durch die Grundannahme Reichs, dass der Mensch gut sei: »Reich described the energetic core, the essence of the person as non destructive, naturally sociable and sexual, spontaneous, with an inherent enjoyment of work and deep capacity of love« (Davis, 1989, S. 6). Diese Haltung ist unvereinbar mit dem Menschenbild Freuds, der neben der Libido von der Destruktivität des Menschen ausging und das Kind als polymorph pervers einordnete. »Freud's model, as well as the society's is a mechanistic, reductionistic one wherein stability is valued overall« (ebd., S. 8) Obwohl Lowen sich an der Trieblehre Freuds orientierte, so folgte er damit doch keineswegs der Vorstellung eines Todestriebes. Lowen formuliert es etwas anders als Reich und geht davon aus, dass »gewisse Ich-Werte – wie Achtung, Würde, Herzlichkeit, Gerechtigkeit – […] mit den Werten des Herzens (harmonisieren) und helfen die Einheit der Persönlichkeit zu finden« (Lowen, 1989, S. 236). Würde betrachtet er als den äußeren Ausdruck von Selbstachtung und schreibt: »Der würdevolle Mensch hat keine Angst, zusammenzubrechen – er ist weder steif noch überheblich, und er kann weinen. Sein Verhalten verdient unsere Achtung und verspricht, dass auch wir mit Achtung behandelt werden« (ebd., S. 237). Entgegen der Gottesverneinung Freuds beschäftigte er sich in seiner vorletzten Publikation mit der

Spiritualität des Körpers, die er als Funktion des ganzen Körpers versteht. Zur spirituellen Harmonie gehört »ein Gefühl der Verbundenheit mit einer höheren Ordnung«. Harmonie ist ein Zustand der Ganzheit (und damit auch der Gesundheit), der Heiligkeit und der Heilung; und in diesem Zustand sind wir mit dem Leben verbunden und mit dem Göttlichen vereint.« (Lowen, 1991, S. 7–10)

Es wurde versucht, deutlich zu machen, dass sich die Bioenergetische Analyse mit ihren analytischen Wurzeln zu einem Verfahren entwickelt hat, das in der konkreten Praxis im Wesentlichen den Prinzipien der Humanistischen Psychotherapie folgt und sich damit in der Konsequenz dem Feld der Humanistischen Psychotherapie zuordnet.

Ich danke meinen Kollegen Ulrich Sollmann, Dr. Jörg Clauer und Dr. Vita Heinrich-Clauer sehr herzlich für die kollegial begleitende Unterstützung und Heiner Steckel und Jürgen Mücher für Ihre Text Ergänzungen.

Literatur

Berceli, D. (2007). Körperübungen zur Traumaheilung. In Norddeutsches Institut für Bioenergetische Analyse e.V. (Hrsg.), *Forum der Bioenergetischen Analyse. Spezial.* Elsfleth: NIBA.

Berceli, D. (2008). »… dem Körper zu erlauben, sich laufend selbst zu heilen«. In V. Heinrich-Clauer (Hrsg.), *Handbuch der Bioenergetischen Analyse* (S. 343–352). Gießen: Psychosozial-Verlag.

Davis, W. (1989). *The interdependency of Humanistic Psychology and Reichian Concepts in Modern Physics.* Unveröffentlichtes Manuskript, Veröffentlichung in übersetzter Form in dieser Ausgabe des Forums, Gießen: Psychosozial-Verlag.

Eberwein, W. (2014). Überlegungen zum Menschenbild in der Humanistischen Psychotherapie. In W. Eberwein & M. Thielen (Hrsg.), *Humanistische Psychotherapie. Theorien, Methoden, Wirksamkeit* (S. 23–38). Gießen: Psychosozial-Verlag.

Geuter, U. (2006). Geschichte der Körperpsychotherapie. In G. Marlock & H. Weiss: *Handbuch der Körperpsychotherapie* (S. 17–32). Stuttgart: Schattauer.

Heinrich, V. (1997). Körperliche Phänomene der Gegenübertragung, Therapeuten als Resonanzkörper. *Forum der Bioenergetischen Analyse, 1*(97), 32–41.

Heinrich-Clauer, V. (2008). Therapeuten als Resonanzkörper. Welche Saiten geraten in Schwingung. In V. Heinrich-Clauer (Hrsg.), *Handbuch der Bioenergetischen Analyse* (S. 161–178). Gießen: Psychosozial-Verlag.

Heinrich-Clauer, V. (2009). Die Rolle der Therapeutin in der Bioenergetischen Analyse. Resonanz, Kooperation und Begreifen. In P. Geißler & V. Heinrich-Clauer (Hrsg.), *Psychoanalyse & Körper, 15* (2), 31–55.

Lowen, A. (1978). *Bioenergetik. Der Körper als Retter der Seele.* Bern, München: Scherz.

Lowen, A (1981). Körperausdruck und Persönlichkeit. München (Kösel).

Lowen, A. (1989). *Liebe, Sex und Dein Herz* (S. 236–237). Reinbek: Rowohlt.

Lowen, A. (1991). *Die Spiritualität des Körpers* (S. 7–10, S. 85–105). München: Heyne.

Lowen, A. (1992). *Freude.* München: Kösel.

Lowen, A. (2006). Die neurotische Charakterstruktur und das bewusste Ich. In G. Marlock &, H. Weiss (Hrsg.), *Handbuch der Körperpsychotherapie* (S. 216–220). Stuttgart: Schattauer.

Madert, K. (1997). Wie ich Psychoanalyse mit Reichs Charakteranalyse verbinde. Erweiterte Fassung ei-

nes Vortrages anlässlich des 100. Geburtstages von Wilhelm Reich. *Forum der Bioenergetischen Analyse, (1)*97, 61–68.
Mücher, J. (2015). *Material zu den Beziehungen zwischen Humanistischer Psychologie und Bioenergetik.* Unveröffentlichtes Manuskript.
Schretter, A (1997). Reichs Vision vom befreiten Menschen. *Forum der Bioenergetischen Analyse, 1*(97), 76–82.
Sollmann, U. (1999). *Management by Körper* (S. 65–71). Reinbek: Rowohlt.
Steckel, H. (2015). Persönliche Mitteilung.
Thielen, M. (2012). *Körperpsychotherapie im Spannungsfeld zwischen Humanistischer und tiefenpsychologisch fundierter Psychotherapie.* Vortrag auf der 10. Fachtagung der DGK am 2.12.2012 in Frankfurt.
Thielen, M. (2014). Entwicklung und Geschichte der Körperpsychotherapie. Ihr Bezug zu anderen humanistischen Methoden. In W. Eberwein & M. Thielen (Hrsg.), *Humanistische Psychotherapie. Theorien, Methoden, Wirksamkeit* (S. 135–147). Gießen: Psychosozial-Verlag.
Tonella, G.(2008). Die Funktionen, Bindungen und Interaktionen des SELBST. In V. Heinrich-Clauer (Hrsg.), *Handbuch der Bioenergetischen Analyse* (S. 59–111). Gießen: Psychosozial-Verlag.

Die Autorin

Susanne Winkler, Dipl.-Psych., Jg.1949, Psychologische Psychotherapeutin, seit 1990 niedergelassen in eigener Praxis. CBT, Lehrtherapeutin und Supervisorin; Lokale Trainerin für Bioenergetische Analyse beim NIBA seit Mitte der 90er Jahre.

Kontakt

Susanne Winkler
Beseler Allee 30
D-24105 Kiel
E-Mail: susanne_winkler@t-online.de

Die Verflechtungen von Humanistischer Psychologie und Reichianischen Energiekonzepten in der postmodernen Physik

Will Davis

Konzepte der postmodernen Physik

> »Meine Hauptthese ist diese: Es scheint im Universum eine gestaltende Tendenz wirksam zu sein, die auf allen Ebenen zu beobachten ist. Diese Tendenz erhält viel weniger Aufmerksamkeit als sie verdient.« (Carl Rogers, 1978, 124)

Wilhelm Reich ist kein Fremder in der Humanistischen Psychologie. Sein Frühwerk nahm eine Reihe von Themen vorweg, die in den 1950er und 60er Jahren aufkamen. Die Humanistische Psychologie war einer der ersten anerkannten Bereiche, die seine Lehren begeistert aufnahmen. Sein Einfluss im psychologischen Feld ist allgegenwärtig, von der Psychoanalytischen Charakterarbeit bis zum aktuellen Überangebot körperorientierter Therapien. Er hat als erster in der Psychotherapie die Einheit von Körper, Psyche und Bewusstsein gezeigt. »Körpersprache« ist der populäre Begriff für seine charakteranalytische Arbeit. Das Verständnis der Gestalttherapie vom Vorrang der Frage nach dem »Wie?«, statt nach dem »Warum?« stammt aus Reichs frühen Einsichten. Er wetterte gegen die mechanistischen und reduktionistischen Strömungen und Techniken seiner Zeit und trat für ein mehrdimensionales, biologisch fundiertes funktionales Verständnis des Menschen ein, welches in der Psychobiologie wurzelt. Dieser Ansatz beinhaltete auch ein umfassendes Verständnis von Spiritualität, Transzendenz und Religion, was in den 60er Jahren in Amerika und anderswo neugierig durch Selbsterfahrung erkundet und neu formuliert wurden.

Offene Sexualität war ein zentrales Thema in Reichs gesamter Arbeit. Er war ein Pionier, als er die wissenschaftliche Erforschung der Sexualität ins Labor brachte und ebenso als er für Sexualerziehung, Verhütung und Jugendsexualität eintrat, lange bevor diese in Gesellschaft und Gesundheitswesen als wichtig erachtet wurden. Seine erweiterte Definition von Sexualität als orgastische Potenz erhob Sexualität von einer simplen, männerdominierten physischen Funktion zu einer menschlichen Beziehung, bestimmt von Mitgefühl, Sanftheit, einer tiefen Hingabe an sich selbst und den Partner, Respekt und Liebe. Seine Hervorhebung der repressiven Natur der patriarchalen Gesellschaft und sein Eintreten für die Rechte der Frauen brachte etwa so viel Aufruhr in seiner Zeit wie 30 Jahre später als diese Themen im Westen aufs Neue aufkamen. Bei all dem enthüllte er »gewöhnliche« Sexualität und Pornografie als das, was sie waren: Verbiegungen unerfüllter, ungesunder Strebungen.

Natürliche Entbindung, die Gefahren der Atomenergie und die umfassenden Auswirkungen einer repressiven, gefühllosen Gesellschaft waren weitere Themen seiner Arbeit. Humanistisch betrachtet, vollzog Reich auch als erster den Wechsel von der Arbeit mit Menschen aus einer Krankheitsperspektive zu einem Verstehen unter einer Wachstums- und Entwicklungsorientierung, von defizitären Zuständen zu Seinszuständen. Seine Haltung war, dass jeder Mensch in seiner oder ihrer Weise richtig ist, seinen oder ihren speziellen Grund hat, zu glauben, was er glaubt, und dass es an uns als Therapeuten ist, das »Wie?« und »Warum?« zu finden. Er *verstand* das menschliche Leiden und die lähmende Qual in Neurosen und Psychosen und wollte genau dieses Verstehen bei der Formulierung seiner Theorien und Techniken miteinbeziehen. Für Reich waren Patienten nicht »unwillig« oder »im Widerstand«, sondern einfach nicht in der Lage, sich anders zu verhalten. Etwas anderes zu erwarten wäre, »als würde man einen lahmen Mann zum Tanzen auffordern« (Reich, 1976 S. 424).

Reichs Werk basierte auf Energiekonzepten, die er ursprünglich von Freud übernommen hatte, die er aber mit den Jahren weiterentwickelte. Diese Betonung des Energetischen Ursprungs aller menschlicher Funktionen warf seine Schatten voraus auf das Interesse, das später für energetisch basierte Gesundheits- und Heilungstechniken wie Yoga, Shiatsu, Meditation und Akkupunktur aufkam. Trotz dieser Verbindung zu Reichs Energiekonzepten, werden genau diese Konzepte, als die Grundlage seiner Arbeit, heute am wenigsten verstanden und umgesetzt. Ungeachtet seiner allgemeinen Popularität und der Tatsache, dass so viele der heutigen psychologischen Ansätze und Techniken Reich zumindest einen kleinen Dank schulden, wurde seine Energetik generell ausgeklammert oder auf sprachliche Metaphorik reduziert. Für Reich ist Orgon-Energie nicht etwa ein vages Konzept, um nicht verstandenes menschliches Verhalten zu benennen, noch weniger ist es eine Metapher. Es ist eine physische Realität, die dem gesamten physikalischen Universum zugrunde liegt und nicht nur für die Erschaffung des Universums verantwortlich ist, sondern auch für all seine Funktionen, von der Spiralisierung der Galaxien bis zu den krampfenden Windungen des Zwangsneurotikers. Alles entspringt und wird reguliert von der spontanen, lebensbejahenden Funktion der Orgon-Energie. Für den Leser mag es hilfreich sein, sich diese Energie nicht als eine spezielle Energiesorte vorzustellen, sondern als eine Vielzahl natürlich vorkommender Erscheinungen, die unser Leben leiten. Dies ist natürlich nicht ganz Reichs Begriffsverständnis, aber so kann es leichter sein, den anschließenden Ausführungen zu folgen.

Im Zusammenhang mit dem Thema Orgon-Energie trägt Reich die schwere Bürde des »verrückten Wissenschaftlers«, ein Stigma, das über die Jahre von anderen Bereichen seiner Arbeit abgefallen ist. Doch glücklicherweise sind »verrückte Wissenschaftler« nie ganz ausgestorben. Einige von ihnen haben in den physikalischen Labors rund um die Welt gearbeitet und sie präsentieren spannende Ergebnisse. Ihre Sprache klingt merkwürdigerweise wie die eines humanistischen Psychologen: Selbstreferenziell, entfalten statt aufbauen, ein dynamischer Prozess statt eines statischen Zustands, Selbstübereinstimmung, selbstschöpfend, selbstorganisierend sowie Bewusstsein und Selektion. Diese jüngsten Arbeiten sind von eminenter Bedeutung für die Psychologie im Allgemeinen, für die Humanistische Psychologie im Speziellen so wie auch für Reichs Energie-Konzepte.

Ich werde in diesem Artikel zeigen, dass die Humanistische Psychologie Reich mehr in Anspruch nimmt als dies üblicherweise erkannt wird, denn sie basiert auf seinen energetischen Begriffen. Die vertretene Position ist, dass die wichtigsten Grundannahmen der Humanistischen Psychologie in Wirklichkeit eine psychologische Paraphrasierung der elementaren Funktionen kosmischer Orgon-Energie ist. Sie sind ein und dasselbe auf verschiedenen Ebenen. In psychologischer Terminologie formulierte Humanistische Prinzipien sind präzise Beschreibungen von Manifestationen der Lebensenergie im psychischen Raum. Reichs Energie, die im Biologischen wurzelt, liegt den psychischen Prozessen zugrunde. Daran anschließend werde ich kurz wichtige Entdeckungen der jüngeren post-modernen Physik besprechen, um zu zeigen, wie sie sowohl für Reichs energetisches Werk als auch für die grundlegenden Prämissen der Humanistischen Psychologie gelten und diese bestätigen. Vor diesem Hintergrund ist es möglich, die Humanistische Psychologie in unseren energetischen, biophysischen Tätigkeiten zu erden und dadurch unser Verständnis als auch unsere Arbeit zu vertiefen. Und hoffentlich wird es jetzt für Reich möglich, die unverdiente Bürde des »verrückten Wissenschaftlers« abzuwerfen.

Die Humanistische Psychologie betont die holistische Funktionsweise der Menschen und weigert sich, sie auf isolierte Bruchstücke zu reduzieren und dann entweder nur mit einem Teil oder mit den Stücken nacheinander zu arbeiten. Deshalb ist das Ganze mehr als die Summe seiner Teile, und die Teile sind nicht nur verbunden, sondern das Wesen des Organismus geht durch jede Teilung verloren. Damit übereinstimmend ist Reichs energetische Auffassung, dass es eine funktionale Identität zwischen Psyche und Soma gibt. Es sind nicht einmal zwei Teile derselben Sache. Sie *sind* dasselbe. Dies ist kein psychosomatischer Ansatz, einmal mit dem einen und dann mit dem anderen arbeitend, dabei annehmend, dass sie in Wechselbeziehung stehen. Reichs Einsichten gingen tiefer als das. Auf der primären Ebene, der funktionalen Ebene, sind Psyche und Soma identisch, nicht bloß aufeinander bezogen wie zwei verschiedene Städte mit guten Kommunikationsverbindungen. Es gibt keinen Unterschied zwischen beiden. Um Menschen zu verstehen, muss man sowohl Psyche und Soma berühren und zugleich mit beiden arbeiten. Denken Sie an Eis, Dampf und Wasser. Was ist der Unterschied zwischen den dreien? Der einzige Unterschied ist der energetische Zustand. Durch die Arbeit an einem energetischen Zustand – dem Körper – können wir zugleich das ganze System bewegen.

Ein zweites humanistisches Prinzip, das mit Kongruenz, Integrität und Selbstkonsistenz zu tun hat, vertieft unser Verständnis von Ganzheit. Dieses Prinzip stellt fest, dass der Organismus selbst danach verlangt, ein Ganzes zu sein. Weil Einheit sein natürlicher Zustand ist, wird jede Aufspaltung als Störung oder Leiden erfahren, und der Organismus wird spontan alles tun, was er kann, um seinen ursprünglichen Zustand der Ganzheit und Kongruenz wiederherzustellen. Der Therapeut braucht diesen Heilungsprozess nicht von außen anzustoßen, er entsteht ganz natürlich von innen. Die primäre Aufgabe des Therapeuten ist es, ein Klima der Sicherheit bereitzustellen, das der Person erlaubt, zu wachsen. Gleichermaßen zeigt Reichs Verständnis der energetischen Funktion (1973), dass Orgon-Energie während all ihrer Umwandlungsprozesse in Psyche und Soma »es verabscheut, gespalten zu werden« und »wünscht«, in ihren Aktivitäten geeint zu bleiben. Sie mag sich verwandeln und sich als Gefühle, Bewegungen, Gedanken, Werte oder Strukturen manifestieren, doch die Selbstkonsistenz unter diesen Formwandlungen muss sehr hoch sein, sonst entstehen Fehlfunktionen: Physische oder psychische Störungen.

Die Humanistische Psychologie ist eine dynamisch fundierte Theorie (griech. dynamis = Kraft), die in allen Bereichen spontanes Wachstum findet. Aber was ist dieser immerwährende Drang nach oben und außen, immer aufs Neue, der uns beständig motiviert? Es ist der unaufhörliche Vorwärtsstrom der pulsierenden Energie in uns. Die primäre Eigenschaft der Lebensenergie ist Bewegung, vor allem: Pulsation. Ohne diese entstehen Fehlfunktion und Tod. Sie zu verlangsamen oder in sie einzugreifen – sie umzulenken, zu sublimieren, zu blockieren oder zu pervertieren – erzeugt die wohlbekannte Palette psychischer und somatischer Erkrankungen, die uns körperlich und emotional »mit halber Kraft« leben lassen. Sie ganz zu stoppen bedeutet den Tod. Leben ist Bewegung, in allen Bedeutungen des Wortes, und Orgon-Energie bewegt sich unaufhörlich vorwärts und zu etwas hin. In ihrem prämateriellen, massefreien Zustand ist die Bewegung wie eine sich durch den Raum wälzende und rotierende Spirale. Eingekapselt und konzentriert in unserem Inneren wird diese Bewegung zu den ununterbrochenen Rhythmen des Lebens: Herzschlag, Verdauung, Gehirnströme, Orgasmen, Schlafen und Wachen. Sie zeigt sich auch in langfristigen Pulsationen: von Geburt zur Kindheit, zur Reife, zum physischen Tod. Diese Energie, die uns vorwärts bringt und mit deren vielfältigen Formen wir so vertraut sind, ist der Antrieb des Lebens. Dieselbe Kraft, die die Blume durch den Straßenasphalt der Stadt nach oben drängt, treibt auch unaufhörlich die unermüdlichen Versuche des Babys an, aufrecht zu stehen, bis es endlich Erfolg hat. Und dann drängt sie es weiter vorwärts ins Leben: Neugierde, Liebe, sich um Andere Kümmern. Man kann sie nicht wirklich aufhalten außer durch den Tod. Die Unerträglichkeit des Zustands der Inkongruenz ist die humanistische Formel für diesen konstanten Drang nach außen und voran. Die Energie strömt kontinuierlich, und so drängt sie, dem dynamischen Modell der Humanistischen Psychologie zufolge, auch uns weiter.

Die Wachstumsorientierung der Humanistischen Psychologie wurzelt also in einem dynamischen Modell der menschlichen Funktionsweise. Wenn äußere Bedingungen es nicht unterdrücken, bringen diese dynamischen Qualitäten den Organismus spontan in Richtung Entwicklung und Selbsterfüllung. Letztendlich führt ein und derselbe Expansionsdrang zum Wunsch nach Kontakt, nach zwischenmenschlichen Beziehungen, nach Selbstaktualisierung und weiter nach Transzendenz und Spiritualität – ein Aufwärtskontinuum durch Maslows Bedürfnishierarchien. Und wieder finden wir in Reichs Arbeit eine energetische Qualität, die die Grundlage bildet für diese psychologische Ausdrucksweise. Als Wirkung der Energie strebt das Leben immer danach, über sich selbst hinaus zu wachsen, es versucht, sich selbst zu erweitern, in die Welt hinaus und hin zu ihr. Ein einfaches Beispiel ist Reichs Analogie der einzelligen Amöbe, die »Fühler« oder »Scheinfüßchen« (Pseudopodien) hinaus in die Welt streckt, um Kontakt aufzunehmen. In komplexeren Strukturen, wie etwa Menschen, findet dies auf allen Ebenen zugleich statt: körperlich, psychisch, emotional und spirituell. Auf der körperlichen Ebene beobachten wir Wachstum als einen Drang nach außen und oben über die je aktuellen Maße hinaus. Psychisch sehen wir Neugierde sowie das Verlangen nach Wissen und Verständnis. Dies ist auch eine Form von Kontakt, denn Kontakt beschränkt sich nicht auf den physischen Bereich. Emotional gehen wir zu Anderen hinaus, um Liebe, Fürsorge und Freude zu geben und zu empfangen, sowie um in tiefem, allumfassendem Kontakt mit anderen energetischen Systemen zu »verschmelzen« und einander zu »überlagern« (superimposition). Spirituell suchen wir nach etwas, von dem wir nur wissen, das wir aber nicht kennen. Gesunde Lebendigkeit in ihrer höchsten Funktion fordert, dass wir mit jeder Faser unseres Seins über uns selbst hinaus streben, unbeirrt von wirklichen oder fantasierten Gefahren. Diese expansive Bewegung ist der natürliche Zustand und wurde von Reich verstanden als das offene Strömen eines energetischen Systems: Ein gesundes, pulsierendes menschliches Wesen.

Das fundamentale »Gute« der menschlichen Natur, welches von der Humanistischen Psychologie postuliert wird, kann auch energetisch verstanden werden. Reich beschrieb den energetischen Kern, das Wesen der Person, als nicht-destruktiv, natürlich sozial und sexuell spontan, mit einem naturgegebenen Vergnügen an Arbeit und einer tiefen Liebesfähigkeit. Diese menschlichen Qualitäten, die wir so hoch schätzen, sind das Ergebnis von Energie, die in der Welt wirkt. Die Energie »beabsichtigt« nicht, dass all dies geschieht, so wenig wie die Sonne »beabsichtigt«, uns zu wärmen. Sie ist einfach, was sie ist und was sie tut. Das Resultat ist Wachstum (nicht-destruktiv, lebensbejahend), Sexualität und Gemeinschaft (sich mit anderen Systemen einzulassen und zu vermischen). Als eine Folge der Funktion der Energie ist die Kernnatur der Menschheit etwas, das wir »gut« nennen können: Lebensspendend und lebensunterstützend.

Aus den genannten Gründen ist eine klientenzentrierte Therapie ein mögliches effektives Mittel für Veränderung und Wachstum. Rogers Bestreben in dieser Hinsicht liegt in einer Linie mit Reichs Verständnis des Unterschiedes von »nicht Wollen« und »nicht Können«. Auch wenn ihre Terminologie verschieden sein mag – mit Reichs Schwerpunkt auf dem energetischen, dem biopsychischen und dem muskulären »Panzer« des Organismus – ihre Ansichten fußen auf denselben grundlegenden Prinzipien. Wenn die Natur der Menschen (der Kern) im Wesen gut ist und wenn es eine dynamische Qualität gibt, die den Organismus zu Wachstum und Vervollständigung bewegt (die Orgon-Energie drängt nach vorn) und wenn es ein Bedürfnis danach gibt, kongruent und selbstbeständig zu sein (die Ganzheitlichkeit und die gegen Spaltung gerichteten Eigenschaften der Energie), dann kann der Organismus als selbstregulatorisch betrachtet werden, wie Reich (1973) feststellte. Da der Klient in seiner eigenen Zeit »wissen« oder entdecken wird, was gut für ihn ist, kann diesem Entfaltungsprozess vertraut werden, wenn man versteht, dass er eine Konsequenz der spontanen Funktion der Orgon-Energie im Lebendigen ist. In der Psychotherapie kann der Klient seinen Weg durch Zweifel und Verwirrung zur Klarheit hindurch »schlängeln«. Das Gleiche geschieht energetisch in der Körperpsychotherapie. Während des Abarbeitens an desorganisierenden, frustrierenden, blockierenden Körperbewegungen mit genügend Zeit, Raum und Ermutigung, können Klienten sich spontan öffnen und ihren Weg in die schöne, pulsierende, wellengleiche Bewegung der frei strömenden Energie klar für sich finden. Mit dieser Rückkehr zum anmutigen, erfüllten, natürlichen Zustand der bioenergetischen Koordination, der Kongruenz und Harmonie, öffnen sie sich für tiefere Gefühle und Einsichten, von denen einige recht schmerzvoll und schwierig sind. Dennoch gehen sie hinein. Die Ergriffenheit und Befriedigung, die im Klienten und in jenen aufkommt, die dabei Zeuge sind, sind schwer zu beschreiben.

Aus all diesen Gründen kann man sagen, dass der Organismus in der Lage ist, sich sowohl selbst zu organisieren als auch sich selbst zu regulieren. Jeder von uns hat in seiner eigenen Weise das Potenzial, sich selbst zu erkennen, dieses Wissen spontan zum Vorschein zu bringen und es umzusetzen. Im Gegensatz dazu steht die Freudianische Auffassung des Wesens des Menschen als ein destruktives, widerspenstiges Es. Somit gibt es in der Humanistischen Psychologie als auch im energetischen Funktionalismus nicht nur eine immanente Vernunft, sondern auch noch Intention und Sinn. Für Reich (1973) war die Wirkungsweise des Orgon in sich selbst vernünftig, es offenbarte sowohl in seiner Funktionalität als auch in seiner Selbstentfaltung im kreativen Prozess eine universelle Ordnung. Demzufolge können sogar seine Verzerrungen und Störungen logisch verstanden und bearbeitet werden: Jede Person ist auf ihre eigene Art richtig. Das Wesen der Menschen ist, dass sie sowohl verstanden werden können als auch, dass man ihnen vertrauen kann, wenn man sie einfach natürlich wachsen lässt.

Von einer Reichianischen Perspektive betrachtet, sind die Probleme von Sinn und Intentionalität bis zu Transzendenz, Spiritualität und Religion vielleicht schwierig, aber ich glaube nicht, dass Reich und die Humanistische Psychologie deshalb weit auseinander liegen. In den Werken der frühen humanistischen Denker wie Charlotte Bühler (1974) oder Rollo May (1982) wird deutlich, dass der typische Diskurs der Humanistischen Psychologie die Menschen als intentionale Wesen begreift, die ihrem Leben Sinn und Bedeutung geben, indem sie zielgerichtet und deutend handeln und damit zugleich Werte sowie Sittlichkeit schaffen. Ohne dies sind wir keine wirklichen Menschen. In scheinbarem Gegensatz dazu steht Reichs Position, dass es keine Bedeutung gibt, sondern bloße Funktion. Wie oben erwähnt, »beabsichtigt« die Sonne nicht, uns zu wärmen, noch »beabsichtigt« die Orgon-Energie irgendetwas zu tun. Sie funktioniert einfach. Obwohl Reich (1973) umfangreich zum Thema Transzendenz, Spiritualität und Religion geschrieben hat glauben viele, dass er anti-religiös war und nicht an Gott oder Götter glaubte. In einem Sinne war er bestimmt gegen Religion. Er war gegen jene verbreiteten repressiven Aspekte aller Religionen, die natürliche Funktionen wie Sexualität und Selbstregulation unterdrückten. Und er schrieb oft gegen die teleologische Ansicht, dass etwas existiere, »um zu ...«, so als ob irgendein mächtiges Bewusstsein alles eigens lenken würde.

Gleichzeitig schrieb er aber mit tiefer Einsicht und Leidenschaft über Zustände von Transzendenz und Ekstase. In der Kosmischen Überlagerung formulierte er, dass er nie erwartete, jemals an den Punkt zu kommen, Religion zu verstehen und trotzdem kam er genau dorthin. Für Reich (1973) gibt es außerhalb der Natur keine Bedeutung, Absicht oder Sinn, also energetisch gesprochen außerhalb der natürlichen Funktion der kosmischen Orgon-Energie, die in und um jeden von uns herum ist. Außerdem ist es nicht notwendig, Werte oder Bedeutung erst zu erschaffen, denn, falls sie existieren, sind sie ebenfalls schon in der Natur. Die Orgon-Funktion ist lebenserzeugend und lebensunterstützend. Einmal existent, »wollen« Energiesysteme – in diesem Falle Leben – weiterbestehen, wachsen, aus sich heraus und darüber hinaus gehen, nicht wegen irgend einer von außen auferlegten Moral oder eines Wertesystems, die sich von Kultur zu Kultur oder über die Zeiten wandeln können, sondern weil all dies einfach Funktionen des Orgons im Lebendigen sind. Aus ihrer Natur heraus ist die Orgon-Energie kreativ, vorwärts strebend, wachstumsorientiert und »strebt danach«, über sich selbst hinaus zu gehen. Das Ergebnis ist, dass wir wachsen, unsere Hand zu anderen hinausstrecken, wir lieben und wir suchen weiter und weiter, bis dahin, wo wir uns selbst überholen. Für Reich drückt diese kosmische Sehnsucht ein universales Streben danach aus, jenseits unserer alltäglichen Grenzen zu gelangen und mit etwas, das größer ist als wir in Berührung zu kommen oder gar mit ihm zu verschmelzen. All das ist die Natur, aus der wir kommen und mit der wir immer schon tief verbunden sind: Das Universum, der ganze Kosmos, Sonnenuntergänge oder Gebirge. Er glaubte nur an das Hier und das Jetzt, in dem das Diesseitige und das Jenseitige (wieder einmal) funktional identisch und ein und dasselbe sind. Tatsächlich muss man nirgendwo anders hin gehen. Es ist alles hier, sowohl innen wie außen. Transzendenz und kosmische Sehnsucht können im Spiel mit Kindern erfüllt werden, im Verliebtsein – in voller Potenz mit einem anderen lebendigen System zu verschmelzen – ebenso wie in meditativer Versenkung.

> »Jede wahre Religion beruft sich auf das kosmische, ›ozeanische‹ Gefühl des Menschen. Jede wahre Religion beinhaltet die Erfahrung einer Einheit mit einer allgegenwärtigen Kraft und zugleich die zeitweilige leidvolle Trennung von dieser Kraft. Die ewige Sehnsucht nach der Rückkehr zum eigenen Ursprung (›zurück in den Mutterleib‹, ›zurück zur guten Erde, aus der wir kamen‹, ›zurück in Gottes Arme‹), um wieder vom ›Ewigen‹ umfangen zu werden, durchdringt alles menschliche Verlangen. Sie liegt an der Wurzel aller großen intellektuellen und künstlerischen Schöpfungen der Menschheit. Es ist der Kern seines Verlangens während der Pubertät, es durchdringt alle hohen Ziele gesellschaftlicher Organisation. Es scheint, als ob es den Menschen danach verlangt, seine Trennung vom kosmischen Ozean zu begreifen. Solche Konzepte wie ›Sünde‹ haben ihren Ursprung in dem Versuch, diese Trennung zu erklären« (Reich 1973, S. 121).

Humanistisch ausgedrückt ist dies Kongruenz und ein intensiver Zustand der Selbstaktualisierung. Energetisch kann man von einem Zustand der Harmonie sprechen, in dem alle pulsierenden Rhythmen synchronisiert sind und der Organismus als Einheit funktioniert. Es ist die Öffnung für den vollen Strom der Energie, die uns tief in unsere Mitte bringt, unser Zentrum – in der sammelnden Phase der Pulsation. Dann in der Expansionsphase frei und gleichmäßig auswärtsströmend, erzeugt dieser Strom ein Gefühl der Transzendenz, ein Hinaus- und über sich Hinausgehen, ein sich Ausdehnen – energetisch jenseits der körperlichen Form als auch über die psychischen Grenzen hinaus.

Fassen wir zusammen: Ich glaube, dass die der Humanistischen Psychologie zugrunde liegende Philosophie mit Reichs energetischen Konzepten gelesen werden kann. Rein psychologische Modelle zum Verständnis menschlicher Funktionen können nun geerdet und zurück geführt werden auf die biopsychische Funktion der Orgon-Energie. Als nächstes werde ich zeigen, dass die jüngsten Forschungsergebnisse in der Physik ein neues Tor geöffnet haben, sodass jetzt sowohl die »Wirklichkeit« von Reichs Energiekonzepten als auch das Modell der Humanistischen Psychologie mit erfasst werden.

Schon früh wollte Freud die Psychoanalyse von der Medizin trennen, aber sie zugleich auf eine solide naturwissenschaftliche Basis stellen. Obwohl er für dieses »Projekt einer naturwissenschaftlichen Psychologie« umfassende Arbeit geleistet hat, hat er es niemals publiziert. Er unterlag dem Einfluss des reichen naturwissenschaftlichen Umfelds im Wien der Jahrhundertwende und bezog sich stark auf die Arbeiten von Fechner (1873), allerdings mit – wie wir sogleich sehen werden – problematischen Resultaten.

Was die moderne Psychologie von Freud geerbt hat, war mehr als eine therapeutische Technik: Es war im Kern eine Philosophie der menschlichen Natur, die die grundlegenden religiösen und soziologischen Haltungen seiner Zeit widerspiegelten. Diese Philosophie dominierte bis zum Aufkommen der Humanistischen Psychologie sämtliche dynamisch basierten Psychologien. Ich glaube allerdings – wie ich schon früher festgestellt habe –, dass diese Philosophie der menschlichen Natur bis heute den meisten Therapien zugrunde liegt, weil die vorgenommenen Änderungen vor allem kosmetisch waren.

Freuds Modell, sowie auch das der Gesellschaft, ist ein mechanistisches, reduktionistisches, in dem Stabilität über alles zählt. Damit bleibt ein geschlossenes, statisches Gleichgewichtssystem, in dem Rigidität, Repression, Engstirnigkeit und Kontrolle erst zur »Ordnung« erhoben und dann als »Tradition« verehrt werden können. Die sogenannte animalische Natur des Menschen muss kontrolliert werden, und darf nur über sozialverträgliche Sublimierung frei gelassen werden. Ein Beispiel für diese Sichtweise von Natur und Menschen ist Freuds Gebrauch zweier von Fechners (1873) *drei Prinzipien der Stabilität.* Freud pauschalisierte Fechner und schuf einen Todesinstinkt, der später, um ihm eine wissenschaftlichere Basis zu geben, mit dem Zweiten Hauptsatz der Thermodynamik gleichgesetzt wurde, dem Gesetz der wachsenden Entropie. Mit einer solchen Interpretation Fechners bleibt nur ein Verständnis des Lebens, das einfach zum Tode hin weniger wird. Doch Freud schien das dritte von Fechners Stabilitätsprinzipien übersehen zu haben, welches dem Wandel eminente Bedeutung einräumt. Mit allen drei Zuständen haben wir: 1. absolute Stabiltät – keine Energie oder Bewegung, 2. volle Stabilität – wo es geregelte Bewegungen mit leichten Variationen gibt, und 3. aproximative Stabilität. Wie Sulloway (1983, S. 55ff.) betont, glaubte Fechner von seinem dritten Prinzip, »dieses erlaube dem Leben, den Tod zu überwinden«. Genau an diesem Punkt wird für uns die Forschung der post-modernen Physik interessant.

In der Physik gibt es einen wachsenden Wissensbestand in Zusammenhang mit Meteorologie, Biologie, Mathematik und Chemie, wo grundlegende gemeinsame Themen auftauchen. Dessen Wert für die Humanistische Psychologie besteht darin, eine physikalische bzw. energetische Lesart solcher Konzepte wie Selbstregulation, Kongruenz und Ganzheit, Dynamik und Wachstum, Sein und Werden, zu ermöglichen. Er beinhaltet außerdem die Bestätigung von Reichs Energiekonzepten sowohl des schöpferischen Prozesses selbst als auch seiner Beobachtungen, wie und warum die Welt so funktioniert, wie sie es tut. Ich stütze mich auf *The Self Organizing Univers*e des Physikers Eric Jantsch (1979). Sein Buch ist voller Begriffe und Aussagen, die das Herz eines jeden Humanisten höher schlagen lassen: positives Feedback, innere Selbstverstärkung, Prozessstrukturen, übergangsweise optimale Strukturierung, Ordnung durch Fluktuation, dynamische Qualitäten über Formgesetze und »mehr Freiheit bedeutet mehr Ordnung«. Obwohl er davor warnt, ein universales Energiemodell zu formulieren – anti-entropische Kräfte – und vorsichtig bleibt, diese Ergebnisse zu weitgehend zu deuten, lesen wir durch das ganze Buch hindurch Passagen wie diese über von die Entstehung des Universums bis hin zur Bildung von Städten:

> »Vielleicht wird es eines Tages auch möglich sein, die intuitiv entwickelten Ansätze einer so genannten ganzheitlichen Medizin zu verstehen als die Stimulation von bestimmten kooperativen Verhaltensmodi und Übergangsprozessen in psychosomatischen dissipativen Strukturen *[selbstorganisierende und selbstregulierende offene Systeme, die Energie und Materie mit ihrer Umwelt austauschen. Sie entwickeln sich mit der Zeit kohärent; W.D.; (Nichtgleichgewichtssysteme; s. Prigogine & Stengers 1981, 139ff.; M. W.)]*. Bioenergetische Techniken wie Akkupunktur, Esalen-Massage, Heilen, Yoga und das Chanten bestimmter Mantras sowie die mentalen Techniken der Hypnose und Meditation in ihren verschiedenen Formen erzeugen Effekte, welche am besten als Übergänge zwischen verschiedenen dynamischen Ordnungszuständen beschrieben werden können *[global stabile Raum-Zeit-Strukturen, die nur an ihrer eigenen Ganzheit und Regeneration interessiert sind; W.D.]*. Die westliche Medizin scheint primär auf eine basale Ordnung des Körper-Geist-Systems fokussiert zu sein, während die Heilung in anderen Ordnungszuständen viel schneller wirken und erstaunliche Resultate hervor bringen könnte« (Jantsch, 1979, S. 62).

In der folgenden Diskussion werde ich diese physikalischen Begriffe in die Lehre einer Humanistischen Psychologie einarbeiten. Doch der Leser sollte dabei nicht vergessen, dass alles auch in Reichianischen Energiebegriffen dargestellt werden könnte, was ich für ein gutes Beispiel von Jantzschs »anderen Ordnungszuständen« mit ihren »erstaunlichen Resultaten« halte.

Wie erwähnt, ist das alte Funktionsmodell des Universums reduktionistisch. Es wurde dort angenommen, dass die fundamentalen Gesetze der Materie vollständig aus ihren einfacheren Bestandteilen abgeleitet werden könnten, und dabei galt auch: je einfacher, desto besser. Aufgrund des Zweiten Hauptsatzes der Thermodynamik, dem Gesetz zunehmender Entropie, wurde weiter angenommen, dass alles abwärts laufend einem Gleichgewichtszustand entgegenstrebt. Das ergab ein statisches, geschlossenes, sich nicht entfaltendes System. Eine solche Weltsicht bewertet Struktur hoch – ein strukturerhaltender Modus. Ein solcher Standpunkt, wo die Struktur die Dynamiken oder Funktionen bestimmt, ist ökonomisch und konservativ. Es impliziert zudem eine Art mechanische Qualität, in der sowohl der erste Antrieb als auch seine Zielrichtung von außen angestoßen werden. Eine Maschine existiert weder aus sich heraus noch für sich selbst. Sie wird von jemandem erschaffen, mit Brennstoff aus äußeren Quellen gespeist, hat eine spezifische Aufgabe und ihr Zweck wird extern definiert.

Wie ich bereits betont habe, war dieses Maschinenmodell bis zur Humanistischen Psychologie (und Reich) die zugrunde liegende Philosophie nicht nur der Physik, sondern auch von Religion, Gesellschaft und Psychologie und ist es in einem hohen Maße noch immer. Lesen wir aber diese Qualitäten psychologisch, finden wir eine hervorragende Definition eines neurotischen Zustandes. Neurotiker sind geschlossene Systeme ohne Kontakt mit der gegenwärtigen Wirklichkeit mit begrenztem Austausch von Energie und Information mit der Umwelt. Sie entfalten sich nicht, vermeiden Spontaneität oder Neues und sind beschäftigt mit strukturerhaltendem Verhalten – alles soll bleiben, wie es ist. Zu tun, was sie wollen, ist ihnen unbekannt, sie tun eher das, was sie denken, dass sie es sollen. Sie sind nicht selbstgesteuert, folgen aber oft buchstabentreu einem Dogma oder einer Lehre oder kämpfen ganz besonders gegen eine Lehre oder ein Dogma einfach zum Selbstzweck. In einem Wort: Sie sind starr. Sie sind lebensähnlich, aber nicht lebendig. Es ist eine stabile, einheitliche Existenz, die vor allem andere Kontrolle sucht, mit geringen Möglichkeiten für Wandel. Auf diese Weise wird Gleichgewicht – eigentlich eine fluktuierende, dynamische Balance gegensätzlicher Kräfte – zu Erstarrung, Verflachung. Homöostase wird Monotonie.

Jantsch unterbreitet uns dagegen in seiner Darlegung von Prigogines dissipativen Strukturen – ein Begriff zur Beschreibung von lebenden oder nicht lebenden selbsterzeugenden und selbsterhaltenden Systemen (Prigogine & Stenger, 1981) – ein ganz anderes Verständnis der Funktionsweise des Lebens. Dieses Konzept kann angewandt werden sowohl auf molekulares Verhalten, chemische Reaktionen, Aktivitäten einer einzelnen Zelle als auch auf komplexe lebendige Organismen, das heißt auf Menschen oder ein ökologisches System wie eine Raubtier-Beute-Beziehung. Dissipative Strukturen stellen gemeinsame und grundlegende Prinzipien dar, von denen wir bis hin zu einer dynamischen allgemeinen Systemtheorie des Lebens induzieren können. Dissipative Strukturen stehen in scharfem Gegensatz zu dem oben vorgestellten älteren Weltmodell. Sie sind sich entwickelnde Nicht-Gleichgewichts-Systeme sowohl selbsterzeugend (autopoietisch) als auch selbsterneuernd. Ein Merkmal lebender Systeme ist, dass sie sich kontinuierlich erneuern und regulieren, um strukturell in ihrer Ganzheit erhalten zu bleiben. Sie sind zur Umwelt hin offen und mit wachsender Komplexität tauschen sie Energie, Materie und Information aus. Vor allen anderen Dingen aber sind sie negativ entropisch *[das heißt dem Zweiten Hauptsatz der Thermodynamik entgegen sinkt der Grad ihrer Unordnung, statt zu steigen; M. W.]*, entwickeln sich kontinuierlich weiter, wachsen und wandeln sich, ungeachtet der Umwelt, aufgrund ihrer eigenen internen Selbstverstärkung, solange nichts dieses Wachstum behindert. Sollte das aber geschehen, oder das System kommt an die Grenzen seines Wachstums, wird es autokatalytisch eine »Schwelle der Instabilität« überschreiten, damit die Begrenzung durch Weiterentwicklung überwunden werden und ein »verbessertes« System mit erweiterten Parametern erscheinen kann.

Es gibt andauernd Weiterentwicklung und immer weitere Dimensionen von Neuheit. Hier haben wir ein Nichtanpassungsmodell vor uns, in dem das System nicht erstarrt, sondern eine stimmigere Form findet; ein System, das nicht unbeugsam bleibt, sondern sich über die Zeit als Ganzes verändert. Laut Jantsch passt sich ein System nach Bedarf an und generiert dabei eine »temporär optimale Struktur«, welche sich mit der Zeit zu einer »global stabilen Struktur« verändert. Aber auch diese gibt es schnell wieder auf, sobald die Bedingungen es nötig machen. Es besitzt »Flexibilität«, weil es von energetischer Dynamik geleitet wird und nicht von materieller Form. Entwicklung ist ein Wechselwirkungsprozess, in dem sich Objekt und Umwelt zirkulär permanent gegenseitig beeinflussen. »Wir sind nicht Gegenstand der Evolution, wir sind die Evolution!« Darum entwickeln sich *dissipative Strukturen* in sich selbst koevolutiv, denn in der Tat sind sie für sich selbst ihre eigene, selbsterzeugte Umwelt. Und genau so koevolvieren sie mit der äußeren Umwelt.

Die Funktionsweise selbstorganisierender Systeme ist für westliches Denken widersprüchlich. Auf der einen Seite sind sie autokatalytisch – selbstinitiierend und von innen angetrieben – ungeachtet ihrer Umwelt. Zugleich sind sie offen für »Nahrung« aus der Umwelt und nehmen sie zu sich. Sie »brauchen« sie nicht, aber wenn sie verfügbar ist, bedienen sie sich ihrer, ohne davon abhängig zu sein weder für ihre Entstehung noch für ihre fortlaufende Existenz. Sie sind fähig zu einer »Selbstverstärkung von Fluktuationen«, das heißt sie machen aus dem, was ihnen widerfährt Eigenes und wachsen damit. Solche Fluktuationen (zusätzlicher Input) können von äußeren Quellen stammen oder können ein Ergebnis der inneren Systemaktivität sein. In jedem Fall wird das System diese Veränderungen für seine eigenen Wachstumsziele »verstärken«. Und schließlich sind sie »selbstreferenziell« und anscheinend besorgt um die eigene »Ganzheit und Regeneration«.

> »[W]ir charakterisieren ein evolvierendes System als selbstreferentiell hinsichtlich seiner eigenen Entwicklung – d.h. hinsichtlich seiner selbst als einem dynamischen System mit dem Potential zum Ausdruck durch eine Mannigfaltigkeit von Strukturen, nicht in zufälliger Reihenfolge, sondern in stimmigen, evolutionären Sequenzen« (Jantsch, 1979, S. 49f.).

Eine einzelne menschliche Zelle ist ein Beispiel für eine *dissipative Struktur*, denn auch sie ist selbstregenerierend. Sie ist nicht mit der Produktion von Output beschäftigt, sondern nur mit Selbstregeneration. Sie bezieht sich in erster Linie auf sich selbst. Dies steht in scharfem Kontrast zum oben erwähnten Maschinenmodell, wo sämtliche Funktionen und schon die bloße Existenz extern bestimmt sind.

Wegen dieser »Selbstreferenzialität« gibt es ein gewisses Maß an Unabhängigkeit von der Umwelt, was wiederum eine Ebene der *Erfahrung* voraussetzt. Infolgedessen können wir sagen, dass ein solches System primitives Bewusstsein oder Erkenntnisvermögen besitzt. Psychologisch ausgedrückt gibt es eine Erfahrung von »mir« und »anderen«. Zudem ist es fähig zu »Selbsttranszendenz«. In einem thermodynamischen Gleichgewichtssystem wäre jede Veränderung der Ordnung oder der Struktur für das System bedrohlich und könnte auch bis zu seinem »Tod« führen. Aber weil selbstreferenzielle Systeme dynamisch sind, ermöglichen Brüche der Symmetrie

(Strukturwandel) neue Möglichkeiten ihrer Gestalt und »signalisieren einen Akt der Selbstüberwindung« – jenseits des bis dahin bekannten Rahmens.

Ich werde dies alles bald in psychologische Begriffe übertragen. Doch vorher halte ich es für wichtig, zu erläutern, wie wir diesen Übergang vom alten zum neuen Modell vollziehen. Wir verändern unsere Perspektive der Funktion nämlich von einem analogen Verständnis zu einem homologen. Das analoge Modell fragt, ob Dinge formal ähnlich sind, das heißt, es geht um die Ähnlichkeit von Form oder Funktion ohne die Identität des Wesens. Auf diese Weise werden Menschen mechanistisch als Maschinen angesehen, weil das Wesen der beiden unterschiedlichen Strukturen Mensch und Maschine hier nicht interessiert. Nur Form, Zweck und Leistung werden berücksichtigt: Das Gehirn ist wie ein Computer, das Herz ist eine Pumpe. Ein homologer Ansatz beschäftigt sich dagegen mit dem Verständnis der Beziehungen zwischen Systemen aufgrund ihres Wesens, ihrer gemeinsamen Wurzeln, ihrer homogenen oder wie Reich (1973) sagt, ihrer gemeinsamen Funktionsprinzipien (common functioning principles CFP). Wenn wir uns die oben erwähnten *disspiativen Strukturen* als lebendige Organismen vorstellen, können wir leicht den Übergang von elementar-molekularem zu menschlichem Verhalten vollziehen. Wenn es dort gemeinsame Funktionsprinzipien gibt (Homologie), können wir diese auf das Verständnis von menschlichem Verhalten übertragen und erhalten ein energetisches, humanistisches Modell, das auf den bahnbrechenden Erkenntnissen der neueren Physik steht.

Das dynamische Wesen der Menschen ist für einen Humanistischen Ansatz essenziell. Wie erläutert, bieten Reichs Energiekonzepte eben dafür eine schlüssige Formel, und mit den Entdeckungen und Paradigmenwechseln der neuen Physik teilen wir dasselbe Verständnis der autopoietischen und autokatalytischen Eigenschaften selbstorganisierender Systeme – *dissipative Strukturen*. Sie sind selbsterzeugend, selbstanregend und werden sich somit unabhängig von der Umwelt verhalten, solange diese nicht das natürlich ablaufende Verhalten in seiner Entfaltung behindert. In der Humanistischen Psychologie wird dasselbe von Menschen gesagt: Sie sind selbstinitiativ und selbstorganisierend. Zudem wissen sie aufgrund ihrer Selbstreferenz im tiefsten Sinne, was gut für sie ist und was sie dafür tun müssen.

Sowohl Menschen als auch *dissipative Strukturen* sind wachstumsorientiert, so wie sie auch selbstregulierend sind. *Dissipative Strukturen* »wissen«, was sie aufnehmen oder ausscheiden müssen, um sich zu erhalten und zu regenerieren. Wenn Menschen in einer gesunden (unneurotischen) Weise funktionieren, entwickeln sie sich mit der Zeit zu immer größerer Selbstübereinstimmung – sowohl mit sich selbst als auch in der Interaktion mit Anderen. Fluktuationen und Veränderungen sind nicht vorhersehbar im üblichen Sinne, doch haben sie bestimmte Folgen: Sie drängen den Organismus, sich selbst in einer passenden Weise zu reorganisieren. Denken wir etwa an die Verwirrung und das Chaos des Erwachsenwerdens. Wir sehen das scheinbar groteske und unverständliche, Katastrophen heraufbeschwörende Verhalten von einst netten kleinen

Jungen oder Mädchen, die in die Pubertät eintreten. Von der Ordnung der Kindheit – eine global stabile Raum-Zeit-Struktur – zu Unordnung, Chaos. Trotzdem tauchen irgendwann aus diesem Chaos auf irgendwie magische Weise halbwegs verantwortliche Erwachsene auf, die arbeiten, Familien gründen und ein gutes, anständiges Leben leben: von Ordnung zu Chaos zu Ordnung. Das ist die Lehre sowohl von *dissipativen Strukturen* als auch des Lebens. Aus der Unordnung und dem Chaos entsteht spontan ein Prozess der Neuordnung. Diese scheinbare Verwirrung, die wie Chaos aussieht, *muss* erscheinen, damit der Organismus die Möglichkeit erhält, sich zu reorganisieren, zu wachsen und sich anzupassen. Würde der Organismus total stabil bleiben, fände gar kein Wachstum statt. Je höher die Freiheitsgrade, desto höher die daraus entstehenden Ordnungen; je größer das Chaos, desto größer die Ordnung.

Ein offenes System, beispielsweise eine selbstorganisierende *dissipative Struktur* oder ein »gesunder« Mensch, ist sowohl unbestimmt als auch unvollkommen, sie erzeugen den Anschein von Chaos. Das Leben ist zum Großteil ein Versuch-und-Irrtums-Experiment, in dem wir auf der Suche nach Vollkommenheit unsere Unvollkommenheit leben. Darum gibt es das Konzept der Selbstaktualisierung. Will man sich aber aktualisieren, muss man erst einmal »unaktualisiert« sein, unvollkommen und offen für Weiterentwicklung. Sobald *dissipative Strukturen* sich in Richtung Gleichgewichtszustand bewegen, sind sie nicht mehr offen zur Umwelt, sie hören auf, sich zu entwickeln, geben ihr Potenzial zur »Selbstverstärkung« auf, werden bewegungslos und »sterben«. Dasselbe gilt für uns alle.

Solange wir für die Welt um uns herum offen bleiben können und Materie, Energie, Information und die »energetischen Äquivalente von Spiritualität und Gemeinschaft« austauschen, entwickeln wir uns weiter und gelangen immer näher an unser höchstes Potenzial. Ohne diesen Austausch jedoch stagnieren wir und sterben schon auf dem Weg viele Tode.

Wachstum ist eines der essenziellen Merkmale des Lebendigen und von *dissipativen Strukturen*. Es wird durch Selbsterneuerung und Selbstverstärkung von »Fluktuationen« erreicht. »Temporär optimale Strukturierung« ist nichts als eine flexible Anpassung an eine bestimmte Situation: Durchlässige Grenzen ermöglichen Stabilität und ein gleichzeitiges Ein- und Ausströmen. Das Prinzip ist: Ändert sich die Situation, ändert sich die Struktur. Wenn ein Elternteil mit einem Kind zusammen ist, sind sie eine »Struktur«. Wenn das Kind fort ist, kann man erwarten, dass der Erwachsene einige Dinge »entwickelt«, tut und ist, die er in Anwesenheit des Kindes nicht tun würde. Dasselbe gilt für das Kind. Dieser Prozess ist bereits von der Gestalttherapie als Figur-Grund-Beziehung beschrieben worden, wonach sich aus mannigfaltigen neuen Eindrücken über je individuelle Fokussierung eine »Figur« heraushebt. Um mit Jantsch zu sprechen: diese »Figur« ist eine »temporär optimale Struktur« und bleibt, bis die nächste auftaucht. Das ist ein flexibles Anpassungsverhalten für eine bestimmte Situation in Zeit und Raum. Menschen können in derselben Weise als »Prozessstrukturen«

gesehen werden, »nicht fest, aus den gleichen Elementen bestehend, aber als eine dynamische Ordnung mit mehr als einer Strukturmöglichkeit zu ihrer Entfaltung« (Jantsch, 1979, S. 21). Sie verändern sich permanent, sobald die Umstände sich ändern und sie haben ein breites Spektrum von Verhaltensmöglichkeiten, um solche adaptiven Weiterentwicklungen kreieren zu können. »Steckenbleiben« ist hierbei eine Fehlfunktion, eine Neurose.

Der Begriff der Entfaltung beschreibt gut, wie *dissipative Strukturen* wachsen. Er steht im Gegensatz zur mechanistischen Auffassung von Wachstum als linearem Aufbau und ist ein hervorragendes Modell für ein dynamisch basiertes Humanistisches Konzept von menschlichem Wachstum. Der Begriff Aufbau betont die Struktur und ist ein hierarchisches »Zusammensetzen« von Systemen *bottom-up*: Von unten (den einfachen Elementen) nach oben (der komplexen Struktur). Entfaltung ist ein verwobener (nicht-linearer) Prozess, der simultan zur Strukturierung auf unterschiedlichen hierarchischen Ebenen führt, ein sogenannter Wachstums-Holismus. Er impliziert außerdem Reichs gemeinsame Funktionsprinzipien (CFP) und sein Konzept der funktionalen Identität von Psyche und Soma. Der Organismus steht sowohl mit sich selbst als auch mit seiner Umwelt in Beziehung. Er bekommt also gleichzeitig »Feedback« von äußeren wie inneren Umwelten und nutzt – selbstverstärkend – diesen Input für das eigene Wachstum. Bei solchen sich entwickelnden, kohärenten Systemen, die sich permanent durch den Austausch mit ihrer Umwelt erneuern, finden wir, wie Jantsch hervorhebt, »Sein und Werden in einem« (1979, S. 8).

Offene Systeme sind nicht nur selbsterzeugend, sich entfaltend, unbestimmt und dynamisch statt morphologisch geleitet, sondern in ihrem Wesen auch selbstkonsistent, also ohne innere Widersprüche. Diese Selbstkonsistenz ist definiert als: »[W]as immer entsteht, muss widerspruchsfrei in sich selbst und mit allem anderen sein« (ebd., S. 32). Humanistisch ausgedrückt haben wir das Bedürfnis nach Selbstübereinstimmung und Integrität. In Reichs Ansatz steht dafür das »Verlangen« der Energie nach Ganzheit – sie »verabscheut es, gespalten zu werden«.

Derartige Bezüge könnten noch viel weiter entwickelt werden, doch im Rahmen dieses Artikels ist das bis hier Festgestellte ausreichend, um die Verbindungen zwischen dem Paradigma universaler Selbstorganisation und den Basisannahmen der Humanistischen Psychologie sowie die beide vereinigende Rolle von Reichs Energiekonzepten zu skizzieren. Kommen wir aber stattdessen zurück zur ursprünglichen Freudianischen Konzeption, wie sie weiter oben mit Fechners Auffassung von Stabilität in Verbindung gebracht wurde. Wenn wir Fechners Beschreibung der drei Stabilitätszustände mit den drei Klassen von Systemen vergleichen, die Jantsch beschreibt, sehen wir auffällige Ähnlichkeiten. Für Jantsch gibt es zwei Arten von Gleichgewichtszuständen, statisch und konservativ, die er zu »strukturerhaltenden Systemen« zusammenfasst, denn sie sind entweder im Gleichgewicht (statisch) oder sie fallen dahin zurück (konservativ). Sie entsprechen Fechners ersten beiden Prinzipien: Absolute Stabilität (statisch) und relative Stabilität (konservativ und zurückfallend). In Jantschs dritte Klassifizierung fallen die neu entdeckten, sich entfaltenden, offenen, selbstorganisierenden *dissipativen Strukturen*, die selbsterzeugend (autopoietisch) und selbsterneuernd sind. Diese Systeme sind das Äquivalent zu Fechners dritter Stabilitätsform, derjenigen, die »dem Leben erlaube, den Tod zu überwinden«, derjenigen, die Freud in der Formulierung seiner Theorien ausgeblendet hat. Anscheinend wurden *dissipative Strukturen* schon vor über einhundert Jahren von Fechner postuliert – und nun sind sie mathematisch und experimentell sowie durch die Tatsache des sich entwickelnden Lebens auf dieser Erde in diesem Jahrtausend bestätigt.

> »Es wird angenommen, dass es eine gestaltende, richtungsweisende Tendenz im Universum gibt, die im interstellaren Raum, in Kristallen, in Mikroorganismen, in organischem Leben und in menschlichen Wesen aufgespürt und beobachtet werden kann. Dies ist eine evolutionäre Tendenz in Richtung größerer Ordnung, größerer gegenseitiger Verbundenheit und größerer Komplexität. In der Menschheit erstreckt sie sich vom Ursprung einer einzelnen Zelle bis hin zu komplexen organischen Funktionen, zu Gewahrsein und Wahrnehmung unterhalb der Schwelle des Bewusstseins, zu bewusstem Erleben des Organismus und der äußeren Welt, bis zu einem Bewusstsein der Alleinheit des kosmischen Systems, die Menschen eingeschlossen. [...] es erscheint mir möglich, dass diese Hypothese ein Fundament für den Aufbau einer Theorie der Humanistischen Psychologie sein könnte« (Rogers, 1978, S. 24).

Es würde den Rahmen dieses Artikels sprengen, einen vollen Überblick über Reichs Verständnis der Orgonenergie und ihrer experimentellen Bestätigung zu geben. Zu diesem Zweck verweise ich den Leser auf zwei biologische Bücher aus Reichs bahnbrechendem Werk: Die *Funktion des Orgasmus (1942)* und die oft übersehene, aber essenzielle *Kosmische Überlagerung (1973)*. Weitere Forschungsergebnisse können im *Journal of Orgonomy and Emotion* gefunden werden.

Übersetzung: Matthias Wenke

Literatur

Bühler, Ch. & Allen, M. (1974). *Einführung in die Humanistische Psychologie*. Stuttgart: Klett.

Fechner, G.Th. (1873). *Einige Ideen zur Schöpfungs- und Entwickelungsgeschichte der Organismen*. Leipzig: Breitkopf und Härtel.

Jantsch, E. (1979). *The Self-Organizing Universe*. Oxford: Pergamon Press.

May, R. (1982). *Man's Search for Himself*. London: Souvenir Press Limited.

Prigogine, I. & Stengers, I. (1981). *Dialog mit der Natur. Neue Wege naturwissenschaftlichen Denkens*. München: Piper.

Reich, W. (1973). *Ether, God and Devil and Cosmic superimposition*. New York: Farrar, Straus and Giroux.
Reich, W. (1942). *Die Funktion des Orgasmus. Sexualökonomische Grundprobleme der biologischen Energie* (9. Aufl.). 2 Bände. Köln: Kiepenheuer & Wisch.
Reich, W. (1976). *Character analysis*. New York: Paperback Books.
Rogers, C. (1978). The Formative Tendency. *Journal of Humanistic Psychology, 18*(1), 23–26. doi:10.1177/002216787801800103
Sulloway, F. J. (1983). *Freud, Biologist of the Mind*. New York: Basic Books Inc.

Der Autor

Will Davis, Jg. 1943, US-amerikanischer Psychologe und Psychotherapeut, EABP-Mitglied, Ausbildung in Radix, Encounter-Technik und Gestalttherapie, entwickelte die Instroke Methode als Komplementärmethode zur entladungsorientierten Reich'schen Radix-Arbeit. Will Davis arbeitet in eigener Praxis seit 1975, lebt seit 1986 in Südfrankreich mit seiner Frau Lilly Davis, betreibt das »Institute for Functional Analysis« und unterrichtet seit 1983 in den USA, Japan und ganz Europa. Mehrere Publikationen sind auf seiner Webseite erhältlich.

Kontakt

Will Davis
Mas de La Capelle
Route de St Come
F-30420 Calvisson
E-Mail: willdaviswilldavis@gmail.com
Internet: www.functionalanalysis.de

Vita Heinrich-Clauer (Hg.)

Handbuch Bioenergetische Analyse

2008 · 558 Seiten · Broschur
ISBN 978-3-89806-868-0

Praxisnah, anschaulich und fachlich fundiert werden in diesem umfangreichen Handbuch die Konzepte und Vorgehensweisen der Bioenergetischen Analyse vorgestellt.

Die Integration impliziter und expliziter Verarbeitungsweisen im Psychotherapieprozess, insbesondere die Einbeziehung des Körpers, steht im Zentrum der aktuellen Debatte. Der vorliegende Sammelband enthält dazu eine Auswahl von Beiträgen aus der Bioenergetischen Analyse, die von klassischen Arbeiten der 80er Jahre (nach Lowen) bis hin zu aktuellen Theoriebeiträgen und Fallstudien reichen. Die neueren Artikel knüpfen an die Konzepte der relationalen Psychoanalyse, die Ergebnisse der Emotions-, Säuglings- und Bindungsforschung sowie der Neurobiologie an. Themenschwerpunkte des Buches sind das Selbst in Beziehung zu anderen, Sexualität und Liebe, Trauma, Psychosomatik sowie die konzeptuelle Diskussion des therapeutischen Geschehens. Studien zur Wirksamkeit der Bioenergetischen Analyse und der Körperpsychotherapie im Allgemeinen runden das Spektrum ab.

Dieses Buch richtet sich an körperpsychotherapeutische, analytische und tiefenpsychologische Kolleginnen und Kollegen und kommt dem zunehmenden Interesse nach einer Integration des Körpers in die Psychotherapie entgegen.

Irmhild Liebau (Hg.)

Forum Bioenergetische Analyse 2014

2014 · 157 Seiten · Broschur
ISBN 978-3-8379-8138-4

Das Forum Bioenergetische Analyse veröffentlicht Beiträge, die dem kollegialen Erfahrungsaustausch dienen, das bioenergetisch-analytische Wissen vertiefen, strittige theoretische und praktische Aspekte der Arbeit diskutieren sowie Verbindungen zu Nachbardisziplinen herstellen.

Das Spektrum der Beiträge reicht in dieser Ausgabe von Selbstfürsorge für Therapeutinnen und Therapeuten und (Selbst-)Liebe in der Bioenergetischen Analyse über Selbsterfahrung in der Bioenergetischen Übungsgruppe bis hin zur Wirkungsweise der Berührung in der Körperpsychotherapie. Ein zentrales Thema ist die Anwendung bioenergetischer Konzepte in der körperorientierten Seelsorge in Klinik, Trauerarbeit und in der Beratung von Studierenden.

Mit Beiträgen von Rolf Großerüschkamp, Vita Heinrich-Clauer, Gabriele Hische-Richter, Marion Kohl, Irmhild Liebau, Konrad Oelmann, Wilfried Ranft, Eva Siemoneit-Wanke und Ulrich Sollmann

Irmhild Liebau (Hg.)

Forum Bioenergetische Analyse 2015

2015 · 126 Seiten · Broschur
ISBN 978-3-8379-8139-1

Das Forum Bioenergetische Analyse veröffentlicht Beiträge, die dem kollegialen Erfahrungsaustausch dienen, das bioenergetisch-analytische Wissen vertiefen, strittige theoretische und praktische Aspekte der Arbeit diskutieren sowie Verbindungen zu Nachbardisziplinen herstellen.

Das Spektrum der Beiträge reicht in der vorliegenden Ausgabe von neurobiologischen und systemischen Konzepten in der bioenergetischen Praxis über körpertherapeutische und körperpsychotherapeutische Ansätze zur Arbeit mit der Stimme, chinesische Medizin als Ergänzung bioenergetischer Psychotherapie und einer biologischen Sicht des Grounding-Konzepts bis hin zur Anwendung bioenergetischer Ansätze in der Wirtschaft und in der seelsorgerischen Arbeit mit krebskranken und depressiven Menschen in der Gerontopsychiatrie.

Mit Beiträgen von Jörg Clauer, Vita Heinrich-Clauer, Rainer Mahr, Jürgen Mücher, Ullrich Ostermann, Ulrich Sollmann und Ute Weinmann

Carlo Strenger

Die Angst vor der Bedeutungslosigkeit

Das Leben in der globalisierten Welt sinnvoll gestalten

323 Seiten · Hardcover
ISBN 978-3-8379-2499-2

»Ein überaus ambitioniertes Buch, das zu erkunden versucht, was es bedeutet, in der modernen Welt ein wertvolles Leben zu führen.«

Irvin Yalom

Das Individuum ist heute mit der gesellschaftlichen Leitidee konfrontiert, alles sei möglich und jedes Ziel erreichbar. Das führt zu einer weit verbreiteten Angst, die eigenen Potenziale nicht voll auszuschöpfen und ein unbedeutendes, erfolgloses Leben zu führen. Die Entwicklung eines stabilen Selbstwertgefühls wird so erschwert. Die Vorherrschaft einer kommerzialisierten Selbsthilfekultur der Selbstoptimierung verhindert eine intensive Beschäftigung mit grundlegenden existenziellen Fragen.

Mithilfe philosophischer, psychologischer, soziologischer und ökonomischer Theorien analysiert und kritisiert Carlo Strenger in einzigartiger Weise diese Entwicklung und zeigt, wie durch eine aktive Anerkennung des eigenen Selbst und durch eine ernsthafte intellektuelle Auseinandersetzung mit dem eigenen Weltbild eine bedeutungsvolle Lebensführung gelingen kann. Dabei greift er nicht nur auf die Erkenntnisse vieler bedeutender Denker, sondern auch auf seine Erfahrungen als Psychotherapeut zurück.

www.ingramcontent.com/pod-product-compliance
Ingram Content Group UK Ltd.
Pitfield, Milton Keynes, MK11 3LW, UK
UKHW040027200726
13854UKWH00001B/399